高山先生の**若手スタッフシリーズ**

# 改訂版 消費税&インボイスがざっくりわかる本

INVOICE

税理士
高山 弥生 著

税務研究会出版局

## 改訂にあたって ▶▶▶▶

　本書「消費税＆インボイスがざっくりわかる本」は、インボイスよりも前に「消費税」と書かれています。消費税法を税区分コードから見た一風変わった内容ですが、インボイスだけではなく消費税全体をざっくり見渡せる内容になっています。若手スタッフに、消費税法を押さえていただき、インボイス制度を理解するためのベースとなる知識を身に付け、さらにインボイスとはどういうものかということもざっくり押さえていただきたいという思いで執筆しました。

　幸いにも若手スタッフの方を始め、インボイス制度をざっくり把握したいという方にご支持をいただいたこと、令和4年11月に国税庁「インボイス制度に関するQ&A」が改訂されたこと、令和5年度税制改正に対応すべく改訂版の出版をすることになりました。

　こちらの本を読み終えたら、姉妹書の「インボイスの気になる点がサクッとわかる本」も続けて読んでみてください。そうすることで、インボイスの実務的な部分の知識も身に付けることができます。

　なるべくわかりやすく書いたつもりですが、足りない部分も多分にあるかと思います。この本を手に取ってくださった所長先生やベテランスタッフの方々には、この本を読んでいる若手スタッフがいたら、彼ら彼女らが理解できるよう、サポートをしていただけたら幸甚です。

　この本が、手に取ってくださった皆様のお役に立ちますように。

　令和5年3月

税理士　高山　弥生

## はじめに (初版) ▶▶▶

　税理士事務所に入所して最初に経験する仕事は仕訳の入力作業だったという方が多いのではないでしょうか。所長や先輩社員が、「仕訳入力は簿記を勉強したことのある人ならできるでしょ」と思っていることが多いからなのですが、意外にも落とし穴があります。それは、消費税です。

　今の会計システムは、仕訳入力時に消費税の税区分コード又は税区分を入力することで、消費税申告書が簡単に作れるようになっています。しかしながら、新人や若手スタッフにはこの税区分が曲者です。似たような税区分があって、どれが正解かわからない。事務所内で複数の会計システムを使用している場合、会計システムによって表現が変わりますから、余計にわからなくなってしまうのです。

　そこで、この本では、消費税法をまだ体系的に勉強したことがない人が税区分を自分で選べるようにするため、4社の税区分を例示し、例に挙げなかった他社の会計システムであっても、どうやって考えて選択すればよいのかがわかるように説明しています。税理士事務所の新人・若手スタッフはもとより、一般企業の経理部に配属されたばかりの方にもおススメの内容となっています。

　すでに消費税の税収は法人税、所得税を抜いています。令和5年10月よりインボイス制度がスタートしますし、消費税の知識は必須といえるでしょう。インボイス制度により簡易課税を選択する事業者が増えると予想されますので簡易課税の説明も手厚くしています。ぜひ、この本で消費税法とインボイス制度を理解し、日々の業務に役立てていただきたいと思います。

　執筆にあたりたくさんの方にご支援いただきました。
　本書の企画に全面的なサポートをしていただいた税務研究会出版局　中村隆広様、田中真裕美様、「3年以内」以降、全作品の相談に乗っていただいている花島恵様、徳永潤子様、3人の可愛いイラストを描いてくださるイラストレーターの夏乃まつり様、いつもありがとうございます。
　今回も多くの方にアドバイスをいただきました。税理士の小島孝子様、税理士の大塚健一郎様、税理士の栗原洋介様、税理士の大原庸一様、税理士の古尾谷裕昭様、公認会計士・税理士の山岸崇裕様、税理士の吉羽恵介様、税理士の西村賀彦様。「若手スタッフがこの仕事の面白さを知って、もうちょっと頑張ってみようと思えるようになる本を書きたい」という私の気持ちにご賛同くださり、ご協

力くださった先生方です。本当にありがとうございました。

　税区分の掲載をご快諾くださった株式会社 TKC 様、弥生株式会社様、freee
株式会社様、マネーフォワード株式会社様。こちらの 4 社様のご協力なくして、
この本を書くことはできませんでした。心より感謝申し上げます。

　この本が、読んでくださった皆様の日々の業務の一助となりますように。

　令和 4 年 3 月

税理士　高山　弥生

# ┌ キャラクター紹介 ┐

## 松木 ひとみ

28歳。大学卒業後、一般企業に勤めていたが、税理士を志し、山田税理士事務所に入所。大学時代に簿記を勉強していたこともあり、一般企業で働きながら簿記論と財務諸表論に合格した頑張り屋さん。仕事と勉強の両立に苦労しつつも法人税法にも合格した。

## 竹橋 ふみや

28歳。大学の経営学部を卒業した後、アルバイトをしながら勉強し、簿記論、財務諸表論、消費税法・相続税法に合格している。頭は良いが、ときどき本音が出てしまう。

## 梅沢 みきひさ

46歳。税理士になって15年以上のベテラン税理士。松木さんと竹橋くんの教育係。

# 目　次

本書は、令和5年3月10日現在の法令等に基づいています。
また、文中の意見部分は私見が含まれます。

TKC の税区分コードは、「消費税　課税区分基準書―令和元年10月施行改正消費税対応版―」より引用しています。

# 第1章

外注先が免税事業者なんです

# 1 消費税の考え方

## 外注先が免税事業者だと利益が減る？

 ……ということで、久保田建築さんの利益はほぼ去年と同額の500万円になりました。

売上げが税込1億7,600万円か。
そうだ、外注費はいくらになってる？

 外注費はええと、7,700万円ほどになりますね。

外注先は、ひとり親方＊が多いんだよね？

 はい。

今回決算の説明に行くとき、そのひとり親方についての話をしなきゃならないなあ。

＊ひとり親方……建設業などで労働者（被雇用者）を使わず、自分
　　　　　　　　自身や家族とだけ事業を行う事業主

ひとり親方への報酬が外注費になるのか給与となるかの部分ですか？　ひとり親方へ外注している仕事は、基本的に期限さえ守ってもらえればいいというスタンスです。給与と間違われるようなタイムカード、工具の供与などはありません。

ちゃんとやってるんだね。

税務調査で外注費じゃなくて給与だってされてしまったら、社会保険料を払う必要が出てしまって、大変ですから。

実は論点はそこじゃないんだ。インボイス制度が始まると、久保田建築さんの利益が吹っ飛ぶかもしれないんだ。

え？　利益が吹っ飛ぶ？
……その前にインボイスって何でしたっけ？

インボイスは英語で請求書って意味だけど、今は、令和5年10月からインボイス制度がスタートするから、その制度下での請求書である「適格請求書」を指していることが多いね。消費税法が変わるんだよ。

またですか。消費税法はコロコロ変わりますね。

# 消費者に広く薄く負担を求める

消費税は各事業者が納付した税額の総和が最終消費者の負担した消費税の額と一致する。

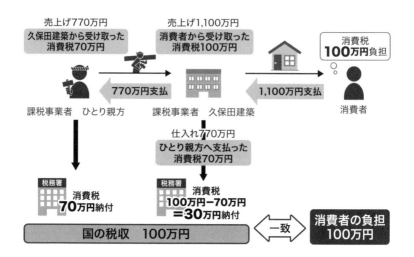

売上げ770万円
久保田建築から受け取った
消費税70万円

売上げ1,100万円
消費者から受け取った
消費税100万円

消費税
**100万円**負担

770万円支払

1,100万円支払

課税事業者　ひとり親方

課税事業者　久保田建築

消費者

仕入れ770万円
ひとり親方へ支払った
消費税70万円

税務署　消費税
**70万円**納付

税務署　消費税
100万円−70万円
＝**30万円**納付

一致

消費者の負担
100万円

国の税収　100万円

モノやサービスの対価には消費税相当額が含まれている。久保田建築にとっては、消費者へ建物を売って得た収入 1,100 万円のうち 100 万円は消費者から受け取った消費税。ひとり親方への支払額 770 万円のうち、70 万円は消費税を支払っている。

久保田建築から消費税 70 万円を受け取ったひとり親方はそれを税務署へ納める。久保田建築は消費者から受け取った消費税 100 万円からひとり親方へ支払った消費税 70 万円を差し引いた 30 万円を税務署へ納める。

事業者の消費税納付額の合計と、消費者が負担した消費税の額が一致しますね。

建前としてはね。

? ?

# 免税事業者がいると建前が崩れる

事業者が納める額と消費者の負担が一致するのは、事業者が全員消費税を納める義務がある**課税事業者**であることが前提なんだ。消費税を納める義務が免除される**免税事業者**がいると事業者の納税額と消費者の負担額は一致しなくなる。

ひとり親方が必ず免税事業者とは限らないけれど、免税事業者として仮定するとこんな感じ。

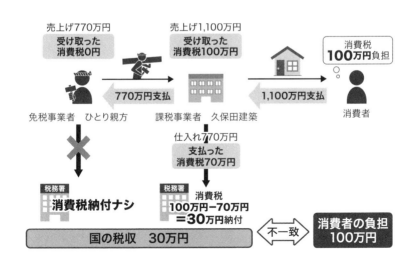

ひとり親方が免税事業者だと、国の税収が 30 万円になってしまって、消費者が負担した額と一致しませんね。

そこで、登場したのがインボイス制度。**インボイスを発行できるのは課税事業者だけ**。免税事業者のひとり親方が発行する請求書はインボイスではないから、久保田建築は 770 万円を支払っていても消費税を 70 万円支払ったことにはならない。

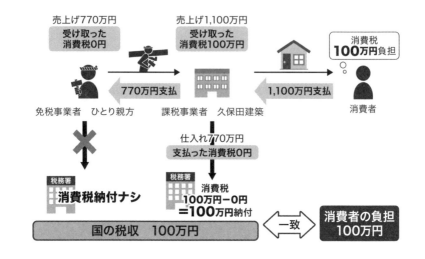

消費者の負担と国の税収は一致しましたけど、久保田建築さんの消費税納付額が増えてます。

ひとり親方が免税事業者だと発行する請求書がインボイスではないから、久保田建築はひとり親方へ消費税を支払ったことにはならなくて、消費者から受け取った消費税 100 万円をまるまる国へ納めることになるんだよ。

# インボイスがもらえないと

なるほど。で、久保田建築さんの利益が吹っ飛ぶというのは？

外注先のひとり親方10人は免税事業者であると仮定して、インボイス制度開始前は外注費を7,700万円支払うと700万円は消費税になるけど、インボイス制度が始まるとこの700万円も本体価格として扱うことになる。支払った消費税は0円。

じゃあ、外注先のひとり親方が全員免税事業者でインボイスがもらえないとすると……。

## 外注先が免税事業者の場合

単位：万円

| | 【現行】税込 | 本体価格 | 消費税 | | 【インボイス制度】税込 | 本体価格 | 消費税 |
|---|---|---|---|---|---|---|---|
| 売上高 | 17,600 | 16,000 | 1,600 | | 17,600 | 16,000 | 1,600 |
| 仕入高 | 4,400 | 4,000 | 400 | | 4,400 | 4,000 | 400 |
| 外注費 | 7,700 | 7,000 | 700 | | 7,700 | 7,700 | 0 |
| 消費税のかかる費用 | 1,100 | 1,000 | 100 | | 1,100 | 1,000 | 100 |
| 消費税のかからない費用 | 3,500 | 3,500 | – | | 3,500 | 3,500 | – |
| 利益 | – | 500 | – | | – | △200 | – |
| 消費税納付額 | – | – | 400 | | – | – | 1,100 |

赤字になっちゃいます！ どうしてかしら？

だって、インボイス制度が始まると久保田建築さんは外注費の本体価格が増えるから経費が増えちゃうよ。

わ、竹橋くん、ビックリした。そっか、外注費の本体価格が増えた700万円ピッタリ利益が減ってる。それと消費税の納税額が増えてる。

受け取った消費税から差し引く支払った消費税がなくなっちゃうからね。僕が担当しているマッサージ店のスタッフも、従業員風だけど外注なんだよなあ。

え？ スタッフさん、雇用されていてお給料をもらっているんじゃないの？

外注というか業務委託というか。給料じゃなくて報酬としてもらっていて、スタッフさん達は確定申告してるんだよ。

えー！ そうなの！

久保田建築さんと同じで、外注なら社会保険料は払わなくて済むし、スタッフに払った $\frac{10}{110}$ は支払った消費税として引けるから消費税負担も軽くなるし、雇用したくないんだよ。さっき松木さんが言っていた外注と給与の話は社長に説明してるんだけど、まともに考えているのかどうか。

困ったわね。

そこも問題だけど、利益が減ってこれ以上業績が悪くなるのも
まずいな。これ、どうすればいいんですかね？

# 2 課税事業者の取るべき道

## 「 免税事業者との取引。どうしたらいい？ 」

僕の担当する会社は、外注先に免税事業者がどのくらいいるか
リサーチすることにしたよ。

次のページのような文書を外注先に出して、免税事業者かどう
かを確認して、あまりにも免税事業者が多いようなら令和5年
10月以降どうするか考えないといけない。

 なるほど。久保田建築さんもこれをひとり親方達に出して、
免税事業者なら取引をやめればいいんじゃない？
それで課税事業者の外注先を探す。

 ……そうもいかないわ。

 どうして？

 今でさえ人が足りないって社長いつも言っているのに、簡単に
次の人は見つからないと思う。

そうだね、外注の代替先がいくらでもある場合ならともかく、
長年一緒に仕事をしてきた、あうんの呼吸もあるだろうし。

20××年××月××日

○○○○○○○○○○御中

会社名
部署

適格請求書発行事業者登録番号のご通知とご依頼について

　拝啓　貴社ますますご清栄のこととお慶び申し上げます。平素より格別のご高配を賜り、厚く御礼申し上げます。
　さて、2023年10月1日から、複数税率に対応した消費税の仕入税額控除の方法として、適格請求書等保存方式（いわゆるインボイス制度）の導入が予定され、税務署長に申請して登録を受けた課税事業者である「適格請求書発行事業者」が交付する「適格請求書」等の保存が仕入税額控除の要件となります。
　そこで、弊社の適格請求書発行事業者登録番号をご通知するとともに、貴社の登録番号等について、弊社までご連絡をお願い申し上げます。
　何卒ご主旨をご理解賜り、宜しくお願い申し上げます。

敬具

記

1. 弊社登録番号
　　T×××××××　×××××××

2. 課税事業者のご確認及び登録番号に関するご依頼
　　課税事業者の場合、貴社の適格請求書発行事業者登録番号を以下の問合せ先まで、ご連絡願います。
　　また、課税事業者以外（免税事業者等）の場合は、その旨、ご連絡をお願い致します。
　　もし、適格請求書発行事業者登録番号の取得が未だの場合は、2023年3月31日までに取得願い、2023年5月31日までにご連絡をお願い致します。

3. 問合せ先
　　部署 氏名
　　住所
　　電話番号
　　メールアドレス

以上

（出典：一般社団法人日本加工食品卸協会「インボイス制度対応—企業間取引の手引き」）

# 免税事業者に値下げ交渉？

そうすると、ひとり親方に値下げ交渉をするとか。

消費税分の値下げに応じてもらえれば、利益は現行と変わらなくて済むけれど、消費税の納税額が増えてしまうわ。

消費税分の値下げで、消費税の納税額は増えるけど、キャッシュの額に影響はないよ。消費税が増えた分は値下げでキャッシュアウトが抑えられてイーブン。

## 外注先が免税事業者の場合

単位：万円

| | 【現行】 | | | 【インボイス制度で値引き】 | | |
|---|---|---|---|---|---|---|
| | 税込 | 本体価格 | 消費税 | 税込 | 本体価格 | 消費税 |
| 売上高 | 17,600 | 16,000 | 1,600 | 17,600 | 16,000 | 1,600 |
| 仕入高 | 4,400 | 4,000 | 400 | 4,400 | 4,000 | 400 |
| **外注費** | **7,700** | **7,000** | **700** | **7,000** | **7,000** | **0** |
| 消費税のかかる費用 | 1,100 | 1,000 | 100 | 1,100 | 1,000 | 100 |
| 消費税のかからない費用 | 3,500 | 3,500 | − | 3,500 | 3,500 | − |
| 利益 | − | 500 | − | − | 500 | − |
| 消費税納付額 | − | − | 400 | − | − | 1,100 |

キャッシュ
17,600−4,400−7,700−
1,100−3,500＝900
900−400＝500

キャッシュ
17,600−4,400−7,000−
1,100−3,500＝1,600
1,600−1,100＝500

値下げ交渉に一票！

久保田建築さんが一方的に報酬の値下げを強制すると、今度はほかの法律に違反する可能性がある。

免税事業者との取引について、インボイス制度の実施を契機として取引条件を見直して値下げそれ自体はあることだろうけど、独占禁止法や下請法、建設業法で問題になる「優越的地位の濫用」に該当しないように気を付けないと。

 優越的地位の濫用って、どういう場合ですか？

免税事業者が負担していた仕入れや諸経費の支払いに係る消費税額も払えないような取引価格となっても免税事業者が取引の打ち切りをおそれて受け入れざるを得ないといったケース。免税事業者が不当な価格設定を受け入れなかった場合に買手が取引を打ち切るケースも該当するよ。

買手からの要請に応じて仕入先が免税事業者から課税事業者となったとして、仕入先が納税することとなる消費税額分を勘案した取引価格の交渉が形式的なものにすぎず、著しく低い取引価格を設定した場合についても同様。

取引価格を据え置く代わりに協賛金や販売促進費といった名目で金銭を要求したり、必要のない機材や商品を売りつけたり、発注内容になかったのに無償で追加工事などを押し付けるといったことも優越的地位の濫用だね。

双方納得の上で取引価格を設定することが大切ですね。

 これは社長としっかり話をしないといけないよね。
今回の決算報告は僕も同行するよ。

 ありがとうございます、よろしくお願いします。

# 3 インボイスっておいしいの？

そうすると、免税事業者は値下げ要求されたり、代替が可能な業種では仕事をもらえなくなっちゃう可能性がありますね。

なんでインボイス制度はできたんですか？

国税庁の資料ではインボイスのことを「売手が、買手に対し正確な適用税率や消費税額等を伝えるための手段」という説明をしている。確かに複数税率になったから相手方に正しく伝える必要がある。

今の請求書や領収書だって適用税率を伝えられてるけどなあ。

今の「区分記載請求書」はインボイス制度導入を見据えて作られたものだから。区分記載請求書は 8% か 10% か受取側で加筆修正が可能だけどインボイスはできないよ。

まぁ、たしかに。

軽減税率の導入による財源不足をたばこ税の引上げや社会保障費の抑制などの策とともにインボイス制度による増税で補うとされたんだ。軽減税率とインボイス制度はセットなんだよ。

減税案と増税案がセットなのか。

減税のときはどこから財源を引っ張ってくるかが問題になる。たいてい、その税の中から探すからね。現状、免税事業者は益税で得しているって批判があるし。

益税？

免税事業者は消費税分上乗せ請求しても消費税を納める義務はない。購入側も、消費税を払ったことにしていいから相手が免税事業者だろうが課税事業者だろうが気にしないので、取引を止められることもないし。

ひとり親方は700万円のところを70万円消費税と銘打って請求しているけれど、消費税は納税しないから、上乗せ請求した消費税はひとり親方の売上げですよね。

久保田建築さんは、ひとり親方が免税事業者であっても消費税を支払ったことにして消費税を計算できるもんね。

国に税収が入らない分、免税事業者がトクしているんだわ。

課税事業者も、免税事業者に支払額の一部を支払った消費税としてよかったからトクしてるよね。

国としては消費税導入当時からインボイス制度を導入したかった。でも国民の消費税導入反対がすごくて、その論調を抑えるために小規模事業者に納税義務はないけど消費税を請求していいし、小規模事業者から仕入れた側は消費税を支払ったことにしていいよってしたんだ。

なるほど。小規模事業者にしてみたら、それなら消費税分上乗せ請求してそれをもらっちゃっていいの？　ラッキー！　ってなるもんなあ。消費税導入に反対しなくなる。

それから30年を経て、軽減税率の財源としてとうとうインボイス制度が導入されるってワケ。

そうすると、あるべき姿になるってカンジなのかな。

現実問題としてはインボイス制度がスタートすると免税事業者は売上げが減るかもしれないし、課税事業者になったって相手が免税事業者なら税負担は増えるしキャッシュは圧迫される。インボイスってちっともおいしくないわ。

タイトル回収早いな💧

国民感情的にはおいしいんじゃない？　自分達が預けた消費税を免税事業者がふところに入れているのはけしからん、って思っている人が多いだろうし。でも、消費者は事業者に消費税を預けてなんていないんだけどね。

？

# 消費者は消費税を預けていない

竹橋くん、消費税の納税義務者は誰？

 消費税の納税義務者は事業者ですよね。

そう。納税義務者は事業者であって消費者じゃない。

 でも、レシートに「消費税」って書いてありますよ？
消費者は事業者に消費税を預けていますよね？

それは商品やサービスの提供に対する対価の一部として支払っているんだ。消費税の納付額はどうやって計算する？

 現行法では、売上げも仕入れも、年間の税込総額から一括して税抜金額を割り戻して計算して、売上げに係る消費税額から仕入れに係る消費税額を控除。レシートや請求書に書いてある消費税をそのまま納めているわけじゃないな。

消費税は、所得税の源泉徴収義務者みたいに預かった額をそのまま納付じゃない。事業者は消費税徴収義務者じゃないんだよ。消費者も事業者に消費税を預ける義務もない。支払ったのは対価としてなんだ。

 とすると、「預かった消費税から支払った消費税を差し引いたものが消費税の納税額」という表現は正しくない？

僕も、説明しやすいからつい「預かった」と言ってしまうことがあるけれど、消費税相当額を「預り金」と表現することに疑義を唱える税理士や学者は多いよね。

だから国税庁ホームページでも「預り金的性格」って書いてあるのか。

消費税を預けているのではなく、対価の一部として支払っているなら、益税も本来は発生していない、ということですか?

その通り。免税事業者の請求書に消費税と書いてあっても、それは対価の一部。そう捉えれば、ふところに入れても全く悪くないんだ。

でも、レシートに消費税って書いてあるのに免税事業者って、ちょっとズルいなって思っちゃうなあ。

そうよね。免税事業者は請求書に消費税って書けないようにしておけば批判を受けなくても済んだのに。

30年以上前の政治の問題を引きずってきてしまってたんだね。

インボイス制度がスタートすると、偽造インボイスには罰則がある。インボイスだと誤解されないように、免税事業者が発行する請求書に消費税の表示はなくなっていくと思うよ。だから、国民感情としては納得できる制度になるんじゃないかな。

僕は、制度的な正しさとしてはインボイス制度導入って悪くないと思っているよ。実際の導入の手間は別にして……。

# 経過措置

国民は良くても事業者は大変。令和5年10月から、免税事業者への支払いが大きい課税事業者は下手をすると赤字転落の可能性があって、課税事業者が赤字転落回避を図ると免税事業者は売上げの減少や市場から排除されるおそれがある。

いきなり変更するといろいろ影響が出かねない。インボイス制度スタートと同時に免税事業者に支払った消費税が全額ナシとはならないんだ。段階的に減っていく。

## 受け取った消費税から免税事業者へ支払った消費税を引ける割合

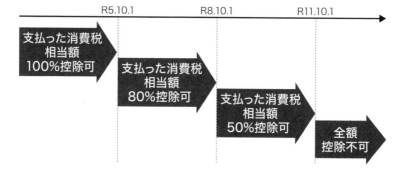

| R5.10.1 | R8.10.1 | R11.10.1 |

支払った消費税相当額100%控除可

支払った消費税相当額80%控除可

支払った消費税相当額50%控除可

全額控除不可

インボイス制度が導入されて令和8年9月末までは、久保田建築さんが免税事業者のひとり親方へ支払った額が7,700万円だったら、700万円のうち80%、560万円が支払った消費税になるってことですか?

そうだね、だから導入当初の影響は、数字上はそれほどインパクトないかな。

## 外注先が免税事業者の場合

単位：万円

### 【現行】

|  | 税込 | 本体価格 | 消費税 |
|---|---|---|---|
| 売上高 | 17,600 | 16,000 | 1,600 |
| 仕入高 | 4,400 | 4,000 | 400 |
| **外注費** | **7,700** | **7,000** | **700** |
| 消費税の<br>かかる<br>費用 | 1,100 | 1,000 | 100 |
| 消費税の<br>かからない<br>費用 | 3,500 | 3,500 | － |
| 利益 | － | 500 | － |
| 消費税<br>納付額 | － | － | 400 |

キャッシュ
17,600－4,400－7,700－
1,100－3,500＝900
900－400＝500

### 【インボイス制度で値引き】

|  | 税込 | 本体価格 | 消費税 |
|---|---|---|---|
| 売上高 | 17,600 | 16,000 | 1,600 |
| 仕入高 | 4,400 | 4,000 | 400 |
| **外注費** | **7,700** | **7,140** | **560** |
| 消費税の<br>かかる<br>費用 | 1,100 | 1,000 | 100 |
| 消費税の<br>かからない<br>費用 | 3,500 | 3,500 | － |
| 利益 | － | 360 | － |
| 消費税<br>納付額 | － | － | 540 |

キャッシュ
17,600－4,400－7,700－
1,100－3,500＝900
900－540＝360

これ、仕訳ってどうなるんだろう？

こんな感じになるんじゃないかな？

単位：万円

**パターン①**

| 外注費 | 7,140 | / | 現預金 | 7,700 |
|---|---|---|---|---|
| 仮払消費税等 | 560 | / | | |

**パターン②**

| 外注費 | 7,000 | / | 現預金 | 7,700 |
|---|---|---|---|---|
| 仮払消費税等 | 700 | / | | |

（決算にて）

| 雑損失 | 140 | / | 仮払消費税等 | 140 |
|---|---|---|---|---|

パターン①だと軽減税率と見間違いそうだし、パターン②だと2つ目の仕訳を忘れそう。

パターン②は期中に100％計上してしまった時の決算調整だね。

仕訳入力のとき、今以上に気をつけないと。

システム会社がインボイス経過措置用の税区分コードを用意するようだから、おそらくそのコードを選べば自動で仕訳されることになると思うんだけどね。

80％差し引けるのはいいけれど、ひとり親方からの請求書を見れば免税事業者で支払った消費税は80％になるよってわかるのかな？

## 免税事業者はインボイス制度スタート後も「区分記載請求書」

免税事業者が発行する請求書は、インボイス制度がスタートした後も今の請求書と同じだよ。

今の請求書？

今の請求書は「区分記載請求書」。
インボイスは「適格請求書」が正式名称だよ。

インボイス制度がスタートした後に受け取った請求書が区分記載請求書だったら、その請求書を発行した事業者は免税事業者ってこと？

ほぼそうだろうけど、登録しなかった課税事業者の可能性もあるよ。ついでに、**区分記載請求書を受け取った側は、80%、50％控除特例を受ける経過措置の適用があることを帳簿に記載する必要がある**ね。

受け取った側が、区分記載請求書だって気づいて、帳簿にそのことを書くの!? 忘れそう🎵

軽減税率が適用される場合、帳簿にその旨を書く必要があるけれど、会計システムで入力するときに軽減税率用の税区分を選べば OK でしょ？ 区分記載請求書を受け取った場合も経過措置用の税区分を選べば OK となるんじゃないかな？

今のところまだわからないけれど、そうだとありがたいね。

受け取った請求書が区分記載請求書だって気づけるかしら？適格請求書と区分記載請求書ってどんな違いがあるんですか？

適格請求書には**登録番号**が記載されてくるから、それが書いてあるかどうかだね。

## 現行の区分記載請求書等保存方式

※インボイス制度までの4年間における暫定的な仕入税額控除方式

イメージ

〔~2023年9月〕

```
          請求書
〇〇(株)御中
                    (株)△△

●年■月分  請求金額
                    43,600円
■月1日 割りばし      550円
■月3日 牛  肉※  5,400円
         ：
      合 計   43,600円
  (10%対象  22,000円)
  (8%対象  21,600円)
※は軽減税率対象
```

【記載事項】
①請求書発行者の氏名又は名称
②取引年月日
③取引の内容
④**税率ごとに区分して合計した対価の額(税込)**
⑤**軽減税率の対象品目である旨**
⑥請求書受領者の氏名又は名称

ポイント
・受領した請求書に④・⑤の事項がなければ自ら"追記"が可能
・**免税事業者でも発行可能**
・区分記載請求書の"**交付義務**"はない

---

## 適格請求書等保存方式(インボイス制度)

イメージ

〔2023年10月~〕

```
          請求書
〇〇(株)御中
                (株)△△(T1234…)

●年■月分  請求金額
                    43,600円
■月1日 割りばし      550円
■月3日 牛  肉※  5,400円
         ：
      合 計   43,600円
  10%対象22,000円
      内税 2,000円
  8%対象21,600円
      内税 1,600円
※は軽減税率対象
```

【記載事項】
区分記載請求書に以下の事項が追加されたもの

①**登録番号**
《課税事業者のみ登録可》
②**適用税率**
③**消費税額**

ポイント
・交付するインボイスは、これまでの**請求書や領収書に記載事項を追加する**イメージ(受領者による"追記"は不可)
・**免税事業者は発行不可**(発行するには課税事業者となり税務署長に登録を受ける必要)
・登録した事業者は、買い手の求めに応じて**インボイス交付業務・写しの保存義務が発生**

(財務省資料)

(出典:日本税理士会連合会ホームページ)

# 4 ▶ インボイス発行事業者になるには

## インボイス発行事業者には登録番号が付される

登録番号？

税務署に登録しないとインボイス（適格請求書）を発行することはできない。「適格請求書発行事業者の登録申請書」を提出して、登録されると登録番号がもらえるよ。

第１－(1)号様式

国内事業者用

# 適格請求書発行事業者の登録申請書

収受印

【１／２】

| 令和　年　月　日<br><br>＿＿＿＿税務署長殿 | 申請者 | 住所又は居所（法人の場合）本店又は主たる事務所の所在地 | （フリガナ）<br>（〒　－　）<br>◎（法人の場合のみ公表されます）<br>（電話番号　－　－　） |
|---|---|---|---|
| | | 納税地 | （フリガナ）<br>（〒　－　）<br>（電話番号　－　－　） |
| | | 氏名又は名称 | （フリガナ）<br>◎ |
| | | （法人の場合）代表者氏名 | （フリガナ） |
| | | 法人番号 | |

この申請書は、令和三年十月一日から令和五年九月三十日までの間に提出する場合に使用します。

この申請書に記載した次の事項（◎印欄）は、適格請求書発行事業者登録簿に登載されるとともに、国税庁ホームページで公表されます。
1　申請者の氏名又は名称
2　法人（人格のない社団等を除く。）にあっては、本店又は主たる事務所の所在地
なお、上記１及び２のほか、登録番号及び登録年月日が公表されます。
また、常用漢字等を使用して公表しますので、申請書に記載した文字と公表される文字とが異なる場合があります。

下記のとおり、適格請求書発行事業者としての登録を受けたいので、所得税法等の一部を改正する法律（平成28年法律第15号）第５条の規定による改正後の消費税法第57条の２第２項の規定により申請します。
※　当該申請書は、所得税法等の一部を改正する法律（平成28年法律第15号）附則第44条第１項の規定により令和５年９月30日以前に提出するものです。

令和５年３月31日（特定期間の判定により課税事業者となる場合は令和５年６月30日）までにこの申請書を提出した場合は、原則として令和５年10月１日に登録されます。

| | |
|---|---|
| 事業者区分 | この申請書を提出する時点において、該当する事業者の区分に応じ、□にレ印を付してください。<br>□ 課税事業者　　□ 免税事業者<br>※　次葉「登録要件の確認」欄を記載してください。また、免税事業者に該当する場合には、次葉「免税事業者の確認」欄も記載してください（詳しくは記載要領等をご確認ください。）。 |
| 令和５年３月31日（特定期間の判定により課税事業者となる場合は令和５年６月30日）までにこの申請書を提出することができなかったことにつき困難な事情がある場合は、その困難な事情 | |
| 税理士署名 | （電話番号　－　－　） |

| ※税務署処理欄 | | | | | | | |
|---|---|---|---|---|---|---|---|
| 整理番号 | | 部門番号 | | 申請年月日 | 年　月　日 | 通信日付印　年　月　日 | 確認 |
| 入力処理 | 年　月　日 | 番号確認 | | 身元確認 | □ 済<br>□ 未済 | 確認書類　個人番号カード／通知カード・運転免許証　その他（　） | |
| 登録番号 | T | | | | | | |

注意　1　記載要領等に留意の上、記載してください。
2　税務署処理欄は、記載しないでください。
3　この申請書を提出するときは、「適格請求書発行事業者の登録申請書（次葉）」を併せて提出してください。

インボイス制度

国内事業者用

# 適格請求書発行事業者の登録申請書 (次葉)

【2／2】

| 氏 名 又 は 名 称 | |
|---|---|

該当する事業者の区分に応じ、□にレ印を付し記載してください。

**免税事業者の確認**

□ 令和5年10月1日から令和11年9月30日までの日の属する課税期間中に登録を受け、所得税法等の一部を改正する法律(平成28年法律第15号)附則第44条第4項の規定の適用を受けようとする事業者
※ 登録開始日から納税義務の免除の規定の適用を受けないこととなります。

| 事業内容等 | 個 人 番 号 | | | |
|---|---|---|---|---|
| | 生年月日(個人)又は設立年月日(法人) | ○明治 ○大正 ○昭和 ○平成 ○令和<br>　　年　　月　　日 | 法人のみ記載 | 事業年度　自　　　月　　日／至　　　月　　日<br>資本金　　　　　　円 |
| | 事業内容 | | | 登録希望日　令和　年　月　日 <small>(令和5年10月1日を希望する場合、記載不要)</small> |

□ 消費税課税事業者(選択)届出書を提出し、納税義務の免除の規定の適用を受けないこととなる課税期間の初日から登録を受けようとする事業者

課税期間の初日
※ 令和5年10月1日から令和6年3月31日までの間のいずれかの日
令和　年　月　日

**登録要件の確認**

| | | |
|---|---|---|
| 課税事業者です。<br>※ この申請書を提出する時点において、免税事業者であっても、「免税事業者の確認」欄のいずれかの事業者に該当する場合は、「はい」を選択してください。 | □ はい | □ いいえ |
| 納税管理人を定める必要のない事業者です。<br>(「いいえ」の場合は、次の質問にも答えてください。) | □ はい | □ いいえ |
| 納税管理人を定めなければならない場合(国税通則法第117条第1項)<br>【個人事業者】国内に住所及び居所(事務所及び事業所を除く。)を有せず、又は有しないこととなる場合<br>【法人】国内に本店又は主たる事務所を有しない法人で、国内にその事務所及び事業所を有せず、又は有しないこととなる場合 | | |
| 納税管理人の届出をしています。<br>「はい」の場合は、消費税納税管理人届出書の提出日を記載してください。<br>消費税納税管理人届出書 (提出日:令和　年　月　日) | □ はい | □ いいえ |
| 消費税法に違反して罰金以上の刑に処せられたことはありません。<br>(「いいえ」の場合は、次の質問にも答えてください。) | □ はい | □ いいえ |
| その執行を終わり、又は執行を受けることがなくなった日から2年を経過しています。 | □ はい | □ いいえ |

**参考事項**

この届出系の誤りがあるらしくてね。

？

e-Tax でも提出できるんだけど、やっぱりまだ紙で提出する事業者もいる。通常の届出や申請書と違ってこの申請書は紙提出の場合、納税地を管轄する「インボイス登録センター」へ提出なんだけど、所轄税務署に送ってしまっているケースがあるらしい。あとは次葉（P27 参照）を書き忘れているケースとか。

提出するときは気を付けないとですね。

届出を出すと税務署から登録番号が通知される。登録番号はローマ字の T で始まる 13 桁の数字で、法人は法人番号。

個人はマイナンバー？

ダメダメ、そしたらマイナンバー大公開しちゃうことになるわよ。

そうだね🎵

この**登録申請は、現在課税事業者であってもする必要がある。**インボイスを発行したいなら登録しないと。

今担当している課税事業者の会社、全部登録申請するの!?
何枚申請書出せばいいんだ!?

登録せずに法人番号にTをつけて請求書に記載したら偽造インボイスを発行したとして罰せられる可能性があるから気を付けて。

罰せられるなんて大変🍃

区分記載請求書のままの免税事業者は「消費税額」を書いたら罰せられるのかな?

免税事業者が消費税額を書くこと自体を禁止する規定はないんだけど、インボイスだと勘違いされないように書かない形式をとる事業者が多いんじゃないかな。

## インボイスが本物かどうかを確認する方法

免税事業者の中には、取引をやめられたくないからってテキトーな13桁の数字を請求書に書いてインボイスを偽造する人が出てこないかしら?

国税庁のホームページに、登録を受けた事業者が公表されるから偽造かどうか確認できるよ。

インボイスを受け取った側が偽造じゃないか確認しなきゃいけないのか。大変だなあ。

偽造インボイスだったら？

支払った消費税はないよね。全額が本体価格。

大企業はともかくとして、新規の取引先や、額の大きいものはチェックする、といった自主ルールを作る必要があるかもしれないね。おそらく、会計システムが Web-API 機能でなんとかしてくれるんじゃないかと僕は思っているんだけど。

Web-API 機能？

API は Application Programming Interface。Web サイトに外部のサイトの提供する機能や情報を組み込んだり、アプリケーションソフトから Web 上で公開されている機能や情報を利用する際などに用いられるんだけど。

会計システムに取引先名を登録するときに登録番号を一緒に登録すると、国税庁の公表サイトの情報と定期的に照合してくれるような機能が搭載されれば、一度登録番号を正しく入力しさえすれば OK でしょ。TKC は搭載してるね。

おお！　会計システム頑張れ！

でも、国税庁 HP でインボイス発行事業者が公表されるなんて、法人はまだしも、個人事業者にとってはプライバシーの問題がないかしら？　登録されてないからあの人の年間の売上げは 1,000 万円未満だ、って陰で言われてしまったり。

以前はプライバシーの問題があったんだけど、令和4年9月26日から個人の「氏名又は名称」「所在地」「主たる屋号」「通称・旧姓」はダウンロードできるファイルから削除されているよ。

国税庁としては、税務調査で杓子定規にやるつもりはないみたいだね。

週刊税務通信No.3739で、国税庁が編集部の取材に対して「買手が保存しているインボイスについて、記載事項の不足等を把握した場合であっても、インボイスに必要な記載事項を相互の関連が明確な複数の書類により確認できれば適正なインボイスとなりますので、インボイスだけでなく他の書類等を確認するといった対応をすることや、「修正インボイス」により事業者間でその不足等を改めていただくといった対応も考えられます」って答えてるんだよね。

 ということは、ギチギチにやってくるわけではなさそうですね。

今までの税務調査でも、請求書等の保存書類について軽微な記載事項の不足を確認することを目的とするような調査はしてきてないしね。

 じゃあ、間違えているインボイスでも仕入税額控除は認められる？

国税庁側としては、やはり「適正なインボイスの保存がない場合、原則として、仕入税額控除の適用を受けることはできない」って言っている。

でも、「社会通念上相当と認められる注意を払っていたにもかかわらず、……その保存がないことにつき「買手の責めに帰さない状態」にあると認められる場合には、個々の事実関係を踏まえて、消費税法第 30 条第 7 項ただし書きに規定する「災害その他やむを得ない事情」が適用される場面もあると考えています」と付け足してるんだよね。

そしたら、「社会通念上相当と認められる注意」がどのくらいのレベルか、というところですね。

社内で、どこまで確認する、とルールを作成して周知徹底することが必要ですね。

# 公表される名称は選べる

個人事業主の女性で、旧姓でお仕事をしているけれど、戸籍は違うという場合、戸籍の名前が表示されたら取引先はビックリしちゃいませんか？

それは手当されているよ。旧姓はもちろん屋号での公表もできる。「適格請求書発行事業者の公表事項の公表（変更）申出書」を提出する必要があるけどね。

**適格請求書発行事業者の公表事項の公表（変更）申出書
で追加又は変更できる事項**

・主たる屋号
・主たる事務所の所在地等
・通称（住民票に併記されている通称に限る。）（※）
・旧姓（旧氏）氏名（住民票に併記されている旧姓（旧氏）に限る。）（※）

（※）　通称又は旧姓（旧氏）氏名は、氏名として公表するか氏名と併記して公表するかを選択できます。

# 適格請求書発行事業者の公表事項の公表（変更）申出書

収受印

| 令和　年　月　日 | （フリガナ） | | |
|---|---|---|---|
| | 申　納　税　地 | （〒　　－　　　） | |
| 出 | | （電話番号　　　－　　　－　　　） | |
| | （フリガナ） | | |
| 出 | 氏　名　又　は<br>名　称　及　び<br>代　表　者　氏　名 | | |
| 者 | 法　人　番　号 | ※個人の方は個人番号の記載は不要です。 | |
| ＿＿＿＿税務署長殿 | 登　録　番　号 | T | |

国税庁ホームページの公表事項について、下記の事項を追加（変更）し、公表することを希望します。

| 新たに公表する事項 | | | 新たに公表を希望する事項の□にレ印を付し記載してください。 | |
|---|---|---|---|---|
| | 個人事業者 | □ 主 た る 屋 号 | （フリガナ） | |
| | | ［複数ある場合<br>任意の一つ］ | | |
| | | □ 主 た る 事 務 所<br>の 所 在 地 等 | （フリガナ） | |
| | | ［複数ある場合<br>任意の一箇所］ | | |
| | | □ 通 称<br>□ 旧 姓 （旧 氏） 氏 名 | いずれかの□にレ印を付し、通称又は旧姓(旧氏)を使用した氏名を記載してください。 | |
| | | ［住民票に併記されている<br>通称又は旧姓(旧氏)に限る］ | □ 氏名に代えて公表 | （フリガナ） |
| | | | □ 氏名と併記して公表 | |
| | 人格のない社団等 | □ 本 店 又 は 主 た る<br>事 務 所 の 所 在 地 | （フリガナ） | |

既に公表されている上記の事項について、公表内容の変更を希望する場合に記載してください。

| 変更の内容 | 変 更 年 月 日 | 令和　　　年　　　月　　　日 |
|---|---|---|
| | 変 更 事 項 | （個人事業者）　□ 屋号　□ 事務所の所在地等　□ 通称又は旧姓(旧氏)氏名<br>（人格のない社団等）　□ 本店又は主たる事務所の所在地 |
| | 変 更 前 | （フリガナ） |
| | 変 更 後 | （フリガナ） |

※ 常用漢字等を使用して公表しますので、申出書に記載した文字と公表される文字とが異なる場合があります。

| 参 考 事 項 | |
|---|---|
| 税 理 士 署 名 | |
| | （電話番号　　　－　　　－　　　） |

| ※税務署処理欄 | 整 理 番 号 | | 部 門 番 号 | | | |
|---|---|---|---|---|---|---|
| | 申 出 年 月 日 | 　年　　月　　日 | 入 力 処 理 | 　年　　月　　日 | 番 号 確 認 | |

注意　1　記載要領等に留意の上、記載してください。
　　　2　税務署処理欄は、記載しないでください。

インボイス制度

## 「インボイス制度への理解は社長だけではなく従業員も必要」

 インボイス制度は、社長とじっくり腰を据えて話をしないとダメだなあ。

 インボイス制度の説明は、関与先の社長だけじゃ足りないよ。

  ？

 インボイス制度を知って、取引先はインボイス発行事業者の方がいいって考えて社長は免税事業者と取引したくなくても、それが従業員に伝わってなかったら、取引してしまうこともあり得る。

 会社の方針を従業員にしっかり伝えておかないとですね。

 周知徹底したつもりでも、人間だから間違えて免税事業者と取引してしまうこともあるだろうし、どうしても免税事業者と取引したい場合もあるだろうから、そのときどうやって対応するのかもあらかじめ考えておくべきだね。

 社長や従業員さん向けにセミナーを開催した方がいいな。

# 第2章

こちら側が免税事業者なんです

# インボイス発行事業者になると いくら負担が増えるのか

## 消費税納税額＝受け取った消費税ではない

梅沢先輩、もうひとつ問題が。久保田建築が取引しているひとり親方の中に、私の担当のお客様がいるんです。

そうだったね、緑川さんか。免税事業者だったよね。

毎期、緑川さんの売上げは1,000万円に届かないです。

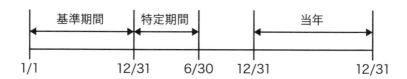

前々期の課税売上高が1,000万円を超えると、当年は課税事業者となる。または、前期の上半期、「特定期間」の課税売上げと支払った給料両方が1,000万円を超えた場合、当年は課税事業者となる。

久保田建築さんがひとり親方に「適格請求書発行事業者登録番号のご通知とご依頼について」の手紙を出したり値下げの話をしたら、緑川さんからはどうしようって絶対に相談されるよなあ。

そうなんですよ。

緑川さんの場合は、インボイスが発行できなくても仕事を回してくれるところを探すのもアリかもしれないけど、久保田建築さんとの仕事がやりやすくて続けたいなら、インボイス発行事業者になるか、値下げか。

どちらにしてもキャッシュが減ってしまいますよね……。
インボイス発行事業者になったとして、経過措置期間を過ぎたら70万円も消費税を納付するのは大変。

緑川さんだって、材料を仕入れたり、交通費とか経費が発生しているから支払った消費税もあるよね？　消費税は受け取った消費税から支払った消費税を差し引いて計算するから、受け取った消費税70万円分全額を納めることにはならないでしょ。

単位：万円

【現行】

|  | 税込 |
|---|---|
| 売上高 | 770 |
| 仕入高 | 462 |
| 利益 | 308 |
| 消費税納付額 | － |

キャッシュ 770－462＝308

【インボイス発行事業者】

| 税込 | 本体価格 | 消費税 |
|---|---|---|
| 770 | 700 | 70 |
| 462 | 420 | 42 |
| － | 280 | － |
| － | － | 28 |

キャッシュ 770－462－28＝280

そっか、支払った消費税42万円は受け取った消費税70万円から引けるものね。現状の数値でシミュレーションしてみると納税額は28万円。

ね、まるまる70万円出て行ってしまうわけじゃないでしょ。

70万円よりはずっといいけれど、それでも28万円も余計にお金が出て行って、消費税の申告もしなくちゃならなくなって……。お金も手間もかかってしまうなんて、緑川さんに説明しにくいわ。

## 消費税を払っていなくても払ったことにできる簡易課税

あと、簡易課税を選択するという手があるよね。

簡易課税ですか？　基準期間の課税売上高が5,000万円以下じゃないと使えないんですよね？

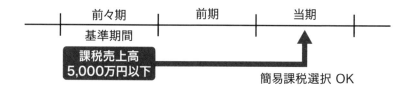

免税事業者からインボイス発行事業者になるんだったら、課税売上高は絶対に5,000万円以下だから大丈夫でしょ。

そうでした🎵

あと、簡易課税は届出の提出が必要だよね。

第9号様式

# 消費税簡易課税制度選択届出書

| 収受印 | | | |
|---|---|---|---|

| 令和　年　月　日 | 届出者 | （フリガナ） | |
| | | 納税地 | （〒　　－　　） |
| | | | （電話番号　　－　　－　　） |
| | | （フリガナ） | |
| | | 氏名又は名称及び代表者氏名 | |
| 　　　　税務署長殿 | | 法人番号 | ※個人の方は個人番号等の記載は不要です。 |

下記のとおり、消費税法第37条第1項に規定する簡易課税制度の適用を受けたいので、届出します。
□ 消費税法施行令等の一部を改正する政令（平成30年政令第135号）附則第18条の規定により
　　消費税法第37条第1項に規定する簡易課税制度の適用を受けたいので、届出します。

| ① | 適用開始課税期間 | 自　令和　年　月　日　　至　令和　年　月　日 |
|---|---|---|
| ② | ①の基準期間 | 自　令和　年　月　日　　至　令和　年　月　日 |
| ③ | ②の課税売上高 | 円 |

| 事業内容等 | （事業の内容） | | （事業区分）第　　種事業 |
|---|---|---|---|

| 提出要件の確認 | 次のイ、ロ又はハの場合に該当する（「はい」の場合のみ、イ、ロ又はハの項目を記載してください。） | | はい □　いいえ □ |
|---|---|---|---|
| | イ 消費税法第9条第4項の規定により課税事業者を選択している場合 | 課税事業者となった日 | 令和　年　月　日 |
| | | 課税事業者となった日から2年を経過する日までの間に開始した各課税期間中に調整対象固定資産の課税仕入れ等を行っていない | はい □ |
| | ロ 消費税法第12条の2第1項に規定する「新設法人」又は同法第12条の3第1項に規定する「特定新規設立法人」に該当する（該当していた）場合 | 設立年月日 | 令和　年　月　日 |
| | | 基準期間がない事業年度に含まれる各課税期間中に調整対象固定資産の課税仕入れ等を行っていない | はい □ |
| | ハ 消費税法第12条の4第1項に規定する「高額特定資産の仕入れ等」を行っている場合（同条第2項の規定の適用を受ける場合） | A 仕入れ等を行った課税期間の初日 | 令和　年　月　日 |
| | | この届出による①の「適用開始課税期間」は、高額特定資産の仕入れ等を行った課税期間の初日から、同日以後3年を経過する日の属する課税期間までの各課税期間に該当しない | はい □ |
| | 仕入れ等を行った資産が高額特定資産に該当する場合はAの欄を、自己建設高額特定資産に該当する場合はBの欄をそれぞれ記載してください。 | B 仕入れ等を行った課税期間の初日 ○平成　年　月　日　○令和 | |
| | | 建設等が完了した課税期間の初日 令和　年　月　日 | |
| | | この届出による①の「適用開始課税期間」は、自己建設高額特定資産の建設等に要した仕入れ等に係る支払対価の額の累計額が1千万円以上となった課税期間の初日から、自己建設高額特定資産の建設等が完了した課税期間の初日以後3年を経過する日の属する課税期間に該当しない | はい □ |

※ 消費税法第12条の4第2項の規定により、イ、ハの欄のいずれかに記載した期間である場合は、記載の各課税期間の初日と記載してください。イ「自己建設高額特定資産」を「調整対象自己建設高額資産」と読み替える。ロ「仕入れ等を行った」は、消費税法第36条第1項又は第3項の規定の適用を受けた」と、「自己建設高額特定資産」について消費税法第36条第1項又は第3項の規定の適用を受けた」と読み替える。

※ この届出書を提出した課税期間が、上記イ、ロ又はハに記載の各課税期間である場合、この届出書提出後、届出を行った課税期間中に調整対象固定資産の課税仕入れ等又は高額特定資産の仕入れ等を行うと、原則としてこの届出書の提出はなかったものとみなされます。詳しくは、裏面をご確認ください。

| 参考事項 | |
|---|---|
| 税理士署名 | （電話番号　　－　　－　　） |

| ※税務署処理欄 | 整理番号 | | 部門番号 | | |
|---|---|---|---|---|---|
| | 届出年月日 | 年　月　日 | 入力処理 | 年　月　日 | 台帳整理　年　月　日 |
| | 通信日付印 年　月　日 | 確認 | 番号確認 | | |

注意　1．裏面の記載要領等に留意の上、記載してください。
　　　2．税務署処理欄は、記載しないでください。

なにこれ、こんなに細かいの!?

昔はもっとあっさりとした届出書だったんだけどねぇ。

「提出要件の確認」のところがすさまじいですね🌀

免税事業者がインボイス制度スタートとともに課税事業者になって簡易課税を選択する場合は、一番上の「いいえ」にチェックするだけだから大丈夫。

原則課税から簡易課税になるときにイロイロあるんですよね🌀

そうなんだよね。それはおいおい説明するよ（第6章参照）。

## 簡易課税の支払った消費税額

消費税は受け取った消費税から支払った消費税の差額を納付するのが原則だけど、簡易課税の場合、例えば建設業なら受け取った消費税の70％を支払った消費税と見てくれる。この率を「みなし仕入率」というんだ。

| 事業区分 | みなし仕入率 |
|---|---|
| 第1種事業（卸売業） | 90％ |
| 第2種事業（小売業、農業・林業・漁業（飲食料品の譲渡に係る事業に限る）） | 80％ |
| 第3種事業（農業・林業・漁業（飲食料品の譲渡に係る事業を除く）、鉱業、建設業、製造業、電気業、ガス業、熱供給業及び水道業） | 70％ |
| 第4種事業（第1種事業、第2種事業、第3種事業、第5種事業及び第6種事業以外の事業） | 60％ |
| 第5種事業（運輸通信業、金融業及び保険業、サービス業（飲食店業に該当するものを除く）） | 50％ |
| 第6種事業（不動産業） | 40％ |

実際にいくら消費税を支払ったかは関係ないんですね。

小規模事業者がかんたんに消費税を計算するための制度だからね。

### 簡易課税制度　建設業の場合

売上げ 770 万円　うち受け取った消費税 70 万円
支払った消費税とみなす額＝ 70 万円 × 70% ＝ 49 万円
消費税納税額＝ 70 万円－ 49 万円＝ 21 万円

【インボイス発行事業者　原則課税】

|  | 税込 | 本体価格 | 消費税 |
|---|---|---|---|
| 売上高 | 770 | 700 | 70 |
| 仕入高 | 462 | 420 | 42 |
| 利益 | - | 280 | - |
| 消費税納付額 | - | - | 28 |

キャッシュ 770－462－28＝280

【インボイス発行事業者　簡易課税】

|  | 税込 | 本体価格 | 消費税 |
|---|---|---|---|
| 売上高 | 770 | 700 | 70 |
| 仕入高 | 462 | 420 | 42 |
| 利益 | - | 287 | - |
| 消費税納付額 | - | - | 21 |

キャッシュ
770－462－21＝287

簡易課税の方が納税額が低くなることが多いよ。緑川さんは、簡易課税なら税額は 21 万円だね。原則の方法よりも納税額が7 万円下がる。

嬉しい、少しでも負担は軽い方がいいもの。

# 2割特例

さらに第3種から第6種事業を営んでいる事業者に朗報なのが令和5年度税制改正で定められた2割特例。

インボイス発行事業者の令和5年10月1日から令和8年9月30日までの日の属する各課税期間において、免税事業者がインボイス発行事業者となったこと又は課税事業者選択届出書を提出したことにより事業者免税点制度の適用を受けられないこととなる場合には、納付税額を当該課税標準額に対する消費税額の2割とすることができるとされたんだ。

 「免税事業者がインボイス発行事業者となったこと」はわかるんですけど、「課税事業者選択届出書を提出したことにより事業者免税点制度の適用を受けられない」？

事業者免税点制度というのは納税義務の免除のことだよ。課税事業者を選択したんだから納税義務を負うってこと。

 ともかく免税事業者でいられるはずの人がインボイス発行事業者になるために課税事業者になったなら2割特例OKなんだよね。

 課税標準額は？

その課税期間中の課税売上高だね。税抜だから気をつけて。

課税標準額に対する消費税額はそうすると売上税額のことですか？

そうだね。売上税額から控除する金額は売上税額の8割とするっていっている。

結論として、売上税額の2割を納付すればいいってこと。簡易課税に似てるけど、どんな業種でも2割なんですよね。

それなら、緑川さんの納税額は70万円×20％＝14万円になりますね！

## 2割特例　建設業の場合

売上げ770万円　うち受け取った消費税70万円
消費税納税額＝70万円×20％＝14万円

【インボイス発行事業者　簡易課税】

|  | 税込 | 本体価格 | 消費税 |
|---|---|---|---|
| 売上高 | 770 | 700 | 70 |
| 仕入高 | 462 | 420 | 42 |
| 利益 | – | 287 | – |
| 消費税納付額 | – | – | 21 |

キャッシュ 770−462−21＝287

【インボイス発行事業者　2割特例】

|  | 税込 | 本体価格 | 消費税 |
|---|---|---|---|
| | 770 | 700 | 70 |
| | 462 | 420 | 42 |
| | – | 294 | – |
| | – | – | 14 |

キャッシュ
770−462−14＝294

免税事業者が免税のままの場合に、取引状況の変化を軽減する経過措置はあったけれど（P20参照）、これは免税事業者の取引相手である課税事業者のためというか。

今回は、インボイス制度で免税事業者がやむなく課税事業者になった場合の税負担にも配慮されたことになるね。

令和5年10月1日**前**から課税事業者選択届出書の提出をして、引き続き事業者免税点制度の適用を受けられないこととなる場合には2割特例の適用はないんだ。

例えば、決算日が8月末で、インボイスのために課税事業者になるんだけど、期の途中から課税事業者になるのを嫌って令和5年8月末までに課税事業者選択届出書を提出してしまっていたらこの2割特例は使えないってことですか？

松木さんの例でいうと令和5年9月1日から開始する課税期間中に課税事業者選択不適用届出書を提出すれば課税事業者選択届出書は効力を失って、10月からインボイス発行事業者になれば2割特例の適用が受けられるよ。

すでに届出を出してしまった人への配慮だね。

なるほど。**令和5年10月1日の属する課税期間中に課税事業者選択不適用届出書を出すと、出した課税期間に対して効力が発現**するのか。それなら、「令和5年10月1日前から課税事業者選択届出書を提出していて引き続き事業者免税点制度の適用を受けられない場合」には該当しなくなる。

それなら2割特例が使えるようになるわね。

免税事業者が課税事業者になる場合、原則課税、簡易課税、2割特例の3パターンからの選択となる。設備投資なんかをしない限り原則課税はないだろうし、第1種以外は2割特例が有利になるんだろうけど、有利不利は慎重に判断しないとね。

2割特例を使いたい場合、届出が必要なのかな？

簡易課税制度のような事前の届出は必要なくて、消費税の確定申告書に2割特例の適用を受ける旨を付記することで適用を受けることができるよ。2年縛りもない。

簡易課税を選択していたらどうなるのかな？

**簡易課税制度選択届出書を提出していても、2割特例を選択することができるよ。**簡易課税制度選択不適用届出書を出す必要はないんだ。

例えば、個人の免税事業者や12月決算法人が、インボイス制度スタートと同時に簡易課税制度選択届出書を出してしまっているけれど、設備投資をしたとかで簡易課税よりも本則課税を選択したい場合、令和5年12月31日までに取下書を提出することで簡易課税制度選択届出書を取り下げることができる。

取下書？

免税事業者が登録申請を行った場合には、登録を受けた日から課税事業者となることができる経過措置がある。この経過措置の適用を受ける場合、登録開始日を含む課税期間中に簡易課税制度選択届出書を提出することで、その課税期間から簡易課税制度を適用することができることとされている。

簡易課税制度選択届出書は、提出可能な期限までは取下げが可能とされているから、例えば経過措置の適用を受ける個人の免税事業者や12月決算法人の場合は、令和5年12月31日まで簡易課税制度選択届出書の提出が可能だから、令和5年12月31日まで取下書を出してなかったことにできる。様式は特にないから、こんな感じのものを自分で作って出せばいい。

---

簡易課税制度選択届出書の取下書

○○　税務署長　殿

令和○○年○○月○○日

法 人 番 号：○○○○○○○○

本 店 所 在 地：○○○○○○○○○○

電 話 番 号：○○－○○○○－○○○○

商　　　　　号：株式会社○○○○

代 表 取 締 役：○○　○○　　㊞

記

令和5年3月1日にe-Taxにより提出しました下記書類を取り下げます。

「簡易課税制度選択届出書」

取下げ書面については、廃却して下さいますようお願いします。
尚、参考資料として当該取下げ書面の控えを添付させて頂きます。

以上

---

2割特例が令和5年10月1日から令和8年9月30日までの日の属する各課税期間において適用できる、ということは、インボイス発行事業者になった年だけじゃなくて、それ以降も2割特例が使えるってことですよね？

2割特例の適用対象期間はこんな感じになっているよ。

### 2割特例の適用対象期間

① 個人事業者

・個人事業者は、令和5年10～12月の申告から令和8年分の申告までの4回分の申告において適用が可能。

② 法人（3月決算の場合）

・3月決算法人は、令和5年10～翌3月の申告から令和8年度の申告までの4回分の申告において適用が可能。

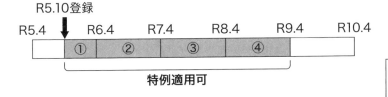

消費税の申告を行うたびに2割特例の適用を受けるかどうかの選択が可能。ただし、申告する課税期間が2割特例の適用対象となるか否かの確認が必要だね。

例えば令和8年分の申告について、基準期間（令和6年）における課税売上高が1,000万円を超える場合には、2割特例は適用できない。

初年度に2割特例が使える、ってなったら、令和8年までの4回分の申告に、全部適用できるわけじゃないんだ。

## 個人事業者・12月決算法人の場合

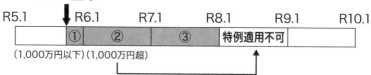

2割特例を使っていたけど使えなくなった場合、簡易課税を選択したいってなると思うんだよね。令和5年10月1日から令和11年9月30日までの日の属する課税期間中に、その課税期間から適用を受ける旨を記載して簡易課税制度選択届出書を提出した場合にはその課税期間から簡易課税を選択できるよ。

簡易課税を適用したい課税期間の初日の前日までじゃないんだ。いつもよりも余裕があるな。

でも、申告書を作成しながら今回の申告で2割特例を使えないから簡易の届出書を出そうってしてももう遅いから気をつけないと。

たしかに！　課税期間中にその課税期間から簡易の適用を受けたいって気づくのってむずかしいですよ💧

そうなんだよね。しかも、小規模事業者だから税理士がついて
いるかもわからないし。相談を受けたときはこの部分はきちん
と伝えてあげないとね。

# 2 免税事業者が取るべき道

## BtoB にインボイスは必要

 こないだ事務所にいらしていた美容師の小林さんとイラストレーターの西村さんってどうなんですか？ あのお二人とインボイスの話をしてましたよね。

 小林さんは、売上額からして課税事業者決定なんだけど、BtoC（Business to Consumer）の業種でしょ？ インボイスを発行できなくても問題ない。

  ？

 小林さんはお客さんが最終消費者。最終消費者は消費税の納税義務がないからインボイスくれなんて言わない。問題なのはBtoB（Business to Business）の西村さん。

 取引先の出版社から登録番号を通知して欲しいと手紙が来てしまったと言っていたよ。出版社はリサーチしているようだね。

 そうか、取引先が事業者の場合、インボイスが発行できない免税事業者だとマズいのか。

絶対に西村さんに描いてもらいたい！という会社なら免税事業者でも取引してもらえるだろうけど、西村さん以外のイラストレーターでインボイス発行できる人を探されてしまうかもしれない。

西村さんはイラストレーターだからみなし仕入率は50%。インボイス発行事業者になったとして、簡易課税を選択するなら受け取った消費税の50%を納めればいいってことですよね。

経過措置の2割特例を選択するなら受け取った消費税の20%を納めればいいんですよね。

そうだね。西村さんは特に、**ほとんど経費がないから、支払った消費税はほぼない。それでも受け取った消費税の50%・80%は支払った消費税として見てくれるんだから、簡易課税や2割特例はありがたいよね。**

## 取引先が簡易課税 or 2割特例なら

**簡易課税も2割特例も受け取ったインボイスを税額計算に使わないから、モノ・サービスを購入した時に受け取った請求書がインボイスかどうかも関係ない。**相手が免税事業者だって気にせず仕入れることができるよ。

そうか、簡易課税や2割特例は売上げさえ把握できればOKだもんね。

久保田建築さんが簡易課税や2割特例なら、ひとり親方が免税事業者であっても問題ないってことですね！

久保田建築さんは原則課税でしょ、
毎期売上高1億円超えてるんだから。

そうでした🦶　簡易課税は基準期間の課税売上高が5,000万
円を超えたら適用できないんですものね。

松木さん、それ大事かも。BtoBだって免税事業者の取引先が
**簡易課税なら、無理して課税事業者になる必要がない。**免税事
業者は取引先に「免税事業者のままでも問題ありませんか？」っ
て確認してから登録するか決めた方がいいな。

## BtoCにインボイスは必要？

取引先が最終消費者の業種でも「インボイスください」って言
われる可能性が全くないわけじゃないよ。美容師の小林さんも、
たまにモデルのヘアスタイリングを請け負うらしくて、所属事
務所から請求書発行してって言われることがあるそうだし。

モデルの所属事務所は事業者ですものね。

パチンコ店、ゲーセン、街の洋品店やお総菜屋みたいなところ
はさすがにお客さんからインボイスくださいとは言われないだ
ろうけど。

でも、インボイスくださいと言われてしまったら発行できたほ
うがいいですよね？

街の洋品店でたまに仕事着を購入しにくるお客さんが、インボイスがもらえないからと来なくなってしまったとしても、売上げにさして影響がないなら、免税事業者がわざわざインボイス発行事業者になって消費税を納税する方がもったいないよ。

 BtoB の売上げが全体の売上げのどのくらいで、それがなくなったときのインパクトと納税額の比較をした方がいいですね。

## インボイスは必ずしも発行する必要はない

 インボイス発行事業者になったとして、必ずインボイスを発行しなきゃいけないんですか？

求められたときに発行できればいいんだ。しかも、手書きでもいい。例えば飲食店では、一般消費者の客もいれば接待で利用する客もいる。接待で利用している人にだけインボイスを発行するのでも OK だよ。

 それならインボイスを発行するために高いお金をかけてレジを改修する必要もないですね。

お客様をお待たせしないように登録番号のゴム印とかを用意しておいた方がいいかもだけどね。

口座振替による家賃の支払いのような請求書の交付がない取引の場合、一定期間の取引をまとめてインボイスを発行することもできるよ。

高齢の大家さんだと、年に一回のインボイス発行も大変なんじゃないかな?

その場合は、契約書に登録番号とかインボイスの記載事項を書いておいて、実際に支払った日のわかる通帳を保存すれば大丈夫。

 ひとつの書類だけで記載事項を全て満たす必要はないんですね。

 会社の状況を踏まえながらどう対応するかを考えなくちゃ。社長と早めに話をしないと。

 社内ではそうやって準備をしていても、外から見て小さな個人店はインボイスをもらえるかわからないから、個人の店ではなく大手の店を利用するって流れにならないかしら?

 確かに。お客さんに手土産を持っていくのだって、インボイスがもらえるかわからない小さな店で買うより、デパ地下で買った方が確実にインボイスをもらえる。

 小さな店は不利よね。インボイスが出せることをアピールしないと売上げを逃がしてしまうかも。

 インボイス制度が始まったら、個人の菓子店が店頭に「インボイス始めました」なんて看板出したりして(笑)。

 冷やし中華じゃないんだから(笑)。でも、個人店はそうやってインボイス発行できますよ、ってアピールしないと大手にお客さんを取られてしまうわ。購入側としたら、商品を買って領収書を受け取ったらインボイスじゃなかった、じゃ困るもの。

じゃあ、免税事業者の選択肢をまとめてみるとこんな感じになりますかね。

BtoC
・インボイスを請求されることはまれで、その分の売上げがなくなっても経営に問題はない
　⇒免税事業者のまま
・インボイスを請求されることがままあり、その分の売上げがなくなったら経営に支障がある
　⇒インボイス発行事業者（課税事業者）になる

BtoB
・たとえ利益率が下がり、消費税負担が増えても取引先は免税事業者である自社と取引を続ける自信がある
　⇒免税事業者のまま
・業界的に代替事業者が多数おり、免税事業者のままだと取引を打ち切られてしまう
　⇒インボイス発行事業者（課税事業者）になる

こう見ると、インボイス発行事業者になる免税事業者もそれなりにいそうね。

そうだね。登録申請書の枚数がまた増えるよ🎵

# 3 登録申請をするにあたっての注意点

## 提出期限

インボイス制度開始前の提出期限は令和5年3月31日だったけど、申請書を提出することに「困難な事情」があった場合、その事情を申請書に記載して令和5年9月30日までに提出すれば令和5年10月1日に登録を受けることができる。

 でもこれ、税法にありがちなヤツですよね。困難な事情は単に忘れてたってだけじゃダメっていう。

それが困難な事情は忘れていたでもいいんだよ。

 ゆるいな💧

さらに令和5年度税制改正で、期限の令和5年3月31日を過ぎて提出する申請書に「困難な事情」が書かれてなくてもよくなったんだ。

 え、びっくり。ゆるいのがさらにいらないなんて。

登録制度が見直されたんだよ。

令和5年4月1日以後に「困難な事情」のない登録申請書が提出されても、令和5年9月30日までの申請については、令和5年10月1日を登録開始日として登録されるよ。

# 期の途中から課税事業者でOK

 無事登録できたとして、個人は令和5年10月は期の途中ですよね？　個人の免税事業者が登録したら令和5年1月分から消費税納めなきゃいけないんですか？

いや、令和11年9月30日の属する課税期間までに登録を受けた場合、納税義務が発生するのは登録日からだよ。

この場合、消費税課税事業者選択届出書を提出することなく登録日から課税事業者となって、消費税の納税義務は期の途中である登録日から発生する。

この登録日は、令和5年10月1日後、つまり10月2日以後に登録を受ける免税事業者は登録申請書に提出日から15日を経過する日以後の日を登録希望日として記載するんだけど、この登録希望日に登録を受けたものとみなされるよ。

登録日から課税事業者と当初はされていたんだけど、これなら登録がおわらなくてもインボイス発行事業者となる日が明確になる。実務に配慮したんだね。

 通常、免税事業者が課税事業者になるには、「消費税課税事業者選択届出書」を提出しないとですよね？

免税事業者が令和 11 年 9 月 30 日の属する課税期間までに登録し、インボイス発行事業者となる場合は提出しなくていいとする経過措置があるんだ。

提出しなくていいんだけど、令和 5 年 10 月 1 日の属する課税期間**でない**期間からインボイス発行事業者となった場合、2 年間は免税事業者になれない。

**経過措置でインボイス発行事業者になる場合**（個人事業者・12月決算法人の場合）

R5.10.1　　R5.12.31　　　　　　R11.9.30　　R11.12.31

2年縛りなし　　　　　　2年縛りあり

 消費税課税事業者選択届出書を出していないのに 2 年間課税事業者でいなきゃいけない縛りがあるの？

そうなんだよ。令和 5 年 10 月 1 日の属する課税期間にインボイス発行事業者になるなら 2 年縛りはないんだけど。

 うわ、これ絶対事故りそうなヤツだ

前は令和 5 年 10 月 1 日の属する課税期間を過ぎてインボイス発行事業者になる場合、課税期間の途中からはなれずに課税事業者選択届出書を提出する必要があったんだけど、令和 4 年度税制改正で変わったんだ。

期の途中から登録 OK にするけど、2 年縛りは令和 5 年 10 月 1 日の属する課税期間に登録した人だけがないのか。イレギュラーはなるべく増やさないで欲しいのになぁ。

この経過措置の適用を受けない課税期間に登録を受ける場合、原則通り課税事業者選択届出書を提出して課税事業者になるよ。

このとき、免税事業者は登録したい課税期間の初日から起算して 15 日前の日までに登録申請書を出す必要がある。そうすると、課税期間の初日から登録を受けたものとみなされるよ。

令和 5 年度税制改正で、1 か月前の日から 15 日前の日に変更になったんだ。

# 登録されると通知がくる

申請が通って晴れて登録番号がもらえると、その数字が通知される。e-TAX で申請書を提出すると 3 週間くらいで番号がもらえるようだよ。

# 免税事業者になりたい場合、登録時に提出した申請書・届出書に注意

インボイス発行事業者となったものの、インボイス発行事業者である必要がなくなった場合、登録の取消しができるよ。登録の取消しには「適格請求書発行事業者の登録の取消しを求める旨の届出書」を税務署に提出する。

# 適格請求書発行事業者の登録の取消しを求める旨の届出書

| 収受印 | | | | |
|---|---|---|---|---|
| 令和　年　月　日 | 届<br><br>出<br><br>者 | （フリガナ） | | |
| | | 納　税　地 | （〒　　－　　）<br><br><br>（電話番号　　－　　－　　） | |
| | | （フリガナ） | | |
| | | 氏　名　又　は<br>名　称　及　び<br>代　表　者　氏　名 | | |
| | | 法　人　番　号 | ※　個人の方は個人番号の記載は不要です。 | |
| ＿＿＿＿＿税務署長殿 | | 登　録　番　号 | T | |

下記のとおり、適格請求書発行事業者の登録の取消しを求めますので、消費税法第57条の2第10項第1号の規定により届出します。

| 登録の効力を失う日 | 令和　　　年　　　月　　　日<br><br>※　登録の効力を失う日は、届出書を提出した日の属する課税期間の翌課税期間の初日となります。<br>　　ただし、この届出書を提出した日の属する課税期間の末日から起算して30日前の日から当該課税期間の末日までの間に提出した場合は、翌々課税期間の初日となります。<br>　　登録の効力を失った旨及びその年月日は、国税庁ホームページで公表されます。 |
|---|---|
| 適格請求書発行事業者の登録を受けた日 | 令和　　　年　　　月　　　日 |
| 参　考　事　項 | |
| 税　理　士　署　名 | （電話番号　　－　　－　　） |

| ※<br>税<br>務<br>署<br>処<br>理<br>欄 | 整理番号 | | 部門番号 | | 通信日付印<br>年　月　日 | 確認 | |
|---|---|---|---|---|---|---|---|
| | 届出年月日 | 年　月　日 | 入力処理 | 年　月　日 | 番号確認 | | |

注意　1　記載要領等に留意の上、記載してください。
　　　2　税務署処理欄は、記載しないでください。

基準期間の課税売上高が 1,000 万円以下である場合、インボイス発行事業者である必要がなければ免税事業者を選択したいよね。

## 消費税課税事業者選択届出書を出している場合

登録のとき、課税事業者選択届出書を提出していないなら「適格請求書発行事業者の登録の取消しを求める旨の届出書」を提出することで免税事業者になるけれど、**「消費税課税事業者選択届出書」を提出していた場合は「消費税課税事業者選択不適用届出書」も提出しないと免税事業者にならないんだ。**

 出し忘れたら？

インボイス発行事業者じゃなくなるけど、課税事業者のままなんだよ。

 うわ、それヤバいな。

免税事業者がインボイス発行事業者になると、課税事業者選択届出書と登録申請書で課税事業者としてダブルロックされるんだ。経過措置期間を過ぎての登録の場合、登録取消と選択不適用、両方出さないと免税事業者に戻れない。

 経過措置期間中に登録していたら消費税課税事業者選択届出書は出さなくていいから選択不適用は出さなくて OK、ということですか？

そう、その場合は選択不適用は出さなくていいんだよ。

統一して欲しかった……。

## 取消しの届出書の提出期限

「適格請求書発行事業者の登録の取消しを求める旨の届出書」は、提出期限に注意する必要がある。届出書を提出した期は取り消すことはできず、翌課税期間からが一番早い時期となる。

消費税の届出は適用を受けたりやめたりしたい「課税期間の初日の前日まで」に提出のパターンが多いですよね。

### 「課税期間の初日の前日まで」が期限の届出書

- 消費税課税事業者選択届出書
- 消費税課税事業者選択不適用届出書
- 消費税簡易課税制度選択届出書
- 消費税簡易課税制度選択不適用届出書

今回はそれじゃ間に合わない。取り消したい課税期間の初日から起算して15日前の日までに提出する必要がある。令和5年度税制改正で、30日前の日から15日前の日に変更になったよ。

# 第3章

インボイス制度導入にあたって
知っておきたい基礎知識

# 1 ▶ 消費税の基本のキ

## 原価じゃないのに課税「仕入れ」？

 免税事業者がこぞって消費税申告するようになったら、申告も大変になるわね。

 お客さん自身が仕訳入力しているところは、消費税の説明をしないといけないってことでしょ？　僕の説明でわかってもらえるかどうか。

 消費税って言葉が難しくて。久保田建築さんが緑川さんに報酬を支払うと勘定科目は「外注費」でしょ？
でも、それを消費税では「課税仕入れ」っていうじゃない？
仕入れっていわれると、商品仕入れを連想しちゃう。

 消費税では消費税を受け取る取引を「課税売上げ」、消費税を支払う取引を「課税仕入れ」っていうけど、慣れないと変な感じがするよね。

消費税でいうところの売上げ、仕入れは会計上のものより広いんだよ。本業の売上げだけでなく、建物の売却なんかも売上げだし、仕入れは商品仕入れだけじゃなくて、販管費を払っても建物を買っても仕入れ。

 こういう言葉ひとつとっても、ちゃんと伝わるかどうか気を付けないといけないなあ。

# 税込経理と税抜経理。どっちがいいの？

 お客さんが入力するときに消費税の経理方法を決めなきゃいけないでしょ？
税込経理と税抜経理、どっちを勧めた方がいいのかしら？

 処理が簡単でわかりやすいのは税込経理だよね。

 それはほんとに思うわ。
売掛金と売上げの金額が同じだと、チェックしやすいのよね。

### 商品110,000円（税込）を掛けで売り上げた
売掛金　110,000円／売上　110,000円

 でも、この先消費税率がまた変わったりしたら、
業績比較がしにくいわ。

 消費税が上がるたびに売上げが伸びるってことだもんね。

中小企業で青色申告の場合、
少額減価償却資産の特例があるでしょ？

 本来は耐用年数で複数年にわたって費用化しなければならないところを30万円未満だと取得した年の経費にできる、という特例ですよね。

そう、その30万円未満という金額判定は、税込なら税込、税抜なら税抜で判定するから、税抜経理なら支出した金額が30万円を超えてもこの特例が適用できる。

もし、税込金額308,000円のパソコンだったら？

**備品（パソコン：耐用年数4年、定額法）を
308,000円で購入した**

**税込経理**

| | | |
|---|---|---|
| 備品 | 308,000円 / 預金 | 308,000円 |

**税抜経理**

| | | |
|---|---|---|
| 消耗品費 | 280,000円 / 預金 | 308,000円 |
| 仮払消費税 | 28,000円 | |

税込経理の場合、資産計上ですね。パソコンは耐用年数4年だから1年の減価償却費は308,000円÷4年＝77,000円ですけど、税抜経理なら特例適用アリで280,000円まるまるその期に費用化できますね。

節税したいお客さんはこっちがいいって言うよなあ。

法人税の場合は、交際費は原則としては損金不算入だけど、1人当たり5,000円以下の交際費は交際費課税の対象外になるじゃない？ この5,000円の判定も税込なら税込、税抜なら税抜で判定なんだよね。

中小法人の交際費 800 万円まで損金算入できるっていう、800 万円もだよね。880 万円と 800 万円じゃエラい違い。税抜経理の方がおススメ？

税込経理が有利なこともある。「特別償却」のような特例を使いたい場合、「取得価額○円以上の機械装置を購入」といった要件を満たす必要があるけれど、この取得価額は税込経理の場合は税込価格、税抜経理の場合は税抜価格が対象金額になる。

どっちも何かあるんだ

特別償却はあんまり出てこないだろうとは思うけれどね。メリット、デメリットを社長に話して相談かな。

## 仕入税額控除

消費税の納税額の原則的な計算方法は、受け取った消費税から支払った消費税を差し引く方法。専門的な用語で表現すると「**課税売上げに係る消費税額から課税仕入れ等に係る消費税額を控除する**」。

これを「**仕入税額控除**」と呼ぶけれど、控除額が実際に支払った消費税と大きくズレるのが簡易課税だよね。

## 簡易課税の場合

| | 税込 | 本体価格 | 消費税 |
|---|---|---|---|
| 売上高 | 770 | 700 | 70 |
| 仕入高 | 462 | 420 | 42 |
| 利益 | – | 287 | – |
| 消費税納付額 | – | – | 21 |

 受け取った消費税は 70、支払った消費税は 42 だけど、簡易課税で第 3 種だとしたらみなし仕入率は 70% で仕入税額控除は 70 × 70% = 49。

 簡易課税は課税売上げの額から仕入税額控除を計算するから、納税額は、簡易課税だと 70 − 49 = 21。原則課税なら 70 − 42 = 28 だけれど。

 差額の 7 円は雑収入になるから、利益は 287 だね。

## 税抜経理の場合

仮受消費税　70　／　仮払消費税　42
　　　　　　　　　　　　未払消費税　21
　　　　　　　　　　　　雑収入　　　　7

 簡易課税の方が原則課税より有利なことも多いけれど、必ずしもそうとは限らない。
簡易課税はあとで詳しく説明するよ（第6章）。

 今は、**仕入税額控除**という言葉を覚えておいてくれれば OK。

# 2 ▶ インボイス制度の請求書と帳簿

## 「 3万円未満でもインボイスの保存が必要 」

課税事業者になるといっても簡易課税を適用するなら仕入れに
係る帳簿や請求書などの保存もいらないから事務負担はさほど
増えないけれど、**原則課税の場合は帳簿とインボイスの保存が
仕入税額控除の要件**だから、しっかり記帳しないと。

 今は3万円未満の場合、請求書の保存はいらないですよね。
インボイスになっても3万円未満なら保存不要ですか？

現行では、3万円未満の場合、請求書がなくてもOKで、帳簿
の保存のみで仕入税額控除が認められているけれど、**インボイ
ス制度が導入されると3万円未満であってもインボイスの保存
が仕入税額控除の要件**となるよ。

## 「 インボイスがなくても仕入税額控除OKのもの 」

 そうか、原則課税の場合はインボイスがあるから仕入税額控除
が認められるわけだから……あれ？　中古車販売業って、仕入
れ先が一般の人の場合が多いですよね？　インボイスがもらえ
ないからめちゃくちゃ納税額が増えちゃいませんか？

 不動産会社が一般の人から中古マンションや中古の戸建てを買
うのも同じですよね？

71

そのあたりは手当されているんだ。古物営業の場合や宅建業の場合、インボイスがなくても仕入税額控除が認められるよ。

そうなんだ。

他にもインボイスがなくても仕入税額控除が認められる取引があるよ。3万円未満の公共交通料金や郵便ポストに投函した配達サービス料金とか。従業員に支払う通勤手当なんかもそうだね。

## インボイスの交付を受けることが困難な取引として帳簿のみの保存で仕入税額控除が認められる課税仕入れ

① 公共交通機関である船舶、バス又は鉄道による旅客の運送（3万円未満のものに限る。）

② 自動販売機等により行われる課税資産の譲渡等（3万円未満のものに限る。）

③ 郵便切手を対価とする郵便サービス（郵便ポストに差し出されたものに限る。）

④ 適格簡易請求書の記載事項（取引年月日を除く。）を満たす入場券等が、使用の際に回収される取引

⑤ 古物営業、質屋又は宅地建物取引業を営む事業者が適格請求書発行事業者でない者から、古物、質物又は建物をその事業者の棚卸資産として取得する取引

⑥ 適格請求書発行事業者でない者から再生資源等を棚卸資産として購入する取引

⑦ 従業員等に支給する通常必要と認められる出張旅費、宿泊費、日当及び通勤手当に係る課税仕入れ

電車に乗るときにその都度インボイスをもらわなきゃいけなかったら改札が大混雑ですものね。

# 少額特例

これに令和 5 年度税制改正で令和 5 年 10 月 1 日から令和 11 年 9 月 30 日までの間に行う課税仕入れについては経過措置ができたよ。

基準期間における課税売上高が 1 億円以下又は特定期間における課税売上高が 5,000 万円以下である事業者が、当該課税仕入れに係る支払対価の額が 1 万円未満である場合には、一定の事項が記載された帳簿のみの保存による仕入税額控除を認める経過措置が講じられたんだ。

「令和 5 年 10 月 1 日から令和 11 年 9 月 30 日までの間に国内において行う課税仕入れについて」ということは、期限アリ、というところに気を付けないとですね。

支払対価が 1 万円未満ということは、税込 1 万円未満ということね。

税込 1 万円未満はインボイスなくても仕入税額控除 OK なんだね。

基準期間における課税売上高が 1 億円以下又は特定期間における課税売上高が 5,000 万円以下である事業者限定というところも注意だよ。

基準期間とかの課税売上高を気にして、さらに経過措置かあ。

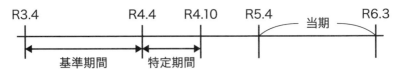

**3月決算の場合**

R3.4    R4.4    R4.10    R5.4    R6.3

当期

基準期間    特定期間

ここでの特定期間における課税売上高5,000万円以下の判定では課税売上高に代えて**給与支払額の合計額による判定はできない**よ。

たとえ令和11年9月30日が**課税期間の途中であっても、令和11年10月1日以後に行う課税仕入れについてはこの経過措置は使えない。**

インボイスがなくてもOKなのは助かるけれど、チェックするところがまた増えるわね。

いっそのこと、恒久的措置にしてほしかった……。

## 帳簿に追加して記載が必要な事項

帳簿の記載は変わりますか？

帳簿の記載事項は今と変わらないな。

帳簿に登録番号の記載はしなくていいのね。

インボイス制度が始まっても今の記載で OK だね。ただし、帳簿の保存のみで仕入税額控除が認められる課税仕入れは、追加記載事項があるよ。

5は、P72の①から⑦に該当することがわかるように書けばいい。公共交通料金だったら「3万円未満の鉄道料金」とかだね。

⑥の住所や所在地は、①公共交通機関の料金と③郵便ポストと⑦従業員の出張旅費等の場合は書く必要はない。⑤古物営業や宅建業の場合は、業務上の業法で定められた台帳などに記載されていれば書かなくていい。⑥は事業者以外からの買取りの場合は書かなくて OK だよ。

くわしくは「インボイスの気になる点がサクッとわかる本」を読んでね。

## インボイスの消費税額の端数処理の方法の変更

インボイス制度では、インボイスに消費税額を記載する必要があるので消費税額に関する端数処理のルールが定められたよ。一のインボイスにつき税率ごとに 1 回のみ。

**税込 100 円　税抜 93 円のアイスコーヒー**

アイスコーヒー　　アイスコーヒー　　アイスコーヒー

**A　ひとつひとつ消費税額の端数処理**

93 円× 1.08 = 100.44　→ 100 円
93 円× 1.08 = 100.44　→ 100 円
93 円× 1.08 = 100.44　→ 100 円　　　合計 300 円

**B　ひとつのインボイス単位で税率ごとに合計した金額を基に消費
　税額を算出**

93 円＋ 93 円＋ 93 円＝ 279 円
279 円× 1.08 = 301.32 → 301 円

 B の方法で計算すると、1 円増えてる。

インボイス制度では B の計算方法に統一されるんだ。

 これ、昔、セブンイレブンは 3 つ買うと 300 円から 301 円
に変わったって問題になってたヤツ？

セブンイレブンの話は軽減税率導入の時期の話で、セブンイレブンの説明によると、複数税率になると同じ商品なのに税込金額が違うこともありえるから、税抜計算に統一したそうだよ。計算方法の違いで合計金額が変わることを理解してもらいやすい例かな？　と思って。

これ、個数が少ないから1円ですけど、もしまとめ買いで1,000個買ったら？

**A　ひとつひとつ消費税額の端数処理**

税込100円×1,000個＝100,000円

**B　ひとつのインボイス単位で税率ごとに合計した金額を基に消費税額を算出**

税抜93円×1,000個＝93,000円

93,000円×1.08＝100,440円

わ！　Bの方法で計算すると440円も支払いが増えるよ

端数処理って地味に影響があるのね。

現状ではAとBどちらでも構わないんだけど、インボイス制度がスタートしたらBに統一だから、Aで計算しているなら導入に間に合うように請求システムを改修しないと。取引先にも説明が必要だね。

# 3 インボイス制度で電子化が進む？

## 電子インボイスの保存

電子データで請求書をもらった場合、電子データのまま保存で大丈夫ですか？　電子帳簿保存法が改正になって、電子取引は電子データで保存が義務になったからそうしてますけど、消費税法では紙保存が原則とか。

### 電子取引の一例

・EDI 取引（Electric Data Interchange）（企業間の取引情報を電子化してやり取りする）
・インターネット等による取引
・電子メールにより取引情報を授受する取引（添付ファイルによる場合を含む）
・インターネット上にサイトを設け、そのサイトを通じて取引情報を授受する取引

消費税法上では書面での保存が原則だけど、やむを得ない場合には請求書の保存はいらない。電子データでの交付もやむを得ない場合に該当するから今までのやり方でいいよ。

インボイス制度が施行された後も？

その時には電子データ保存でOKになっているよ。電子データで受け取った電子インボイスはそのまま電子データで保存すればいいんだ。改正電帳法に沿って保存する必要があるけどね。

 電子データが改ざんできないようにタイムスタンプを付さなくてはいけないんですよね。お金がかかるし、小規模事業者の方や年齢が高い社長だとなかなか対応してくれなくて。

タイムスタンプを導入しないで乗り切る方法もあるんだよ。

 本当ですか？

## お金をかけない電子データ保存の仕方

電子データの保存は、以下の要件を満たす必要があるんだけど。

## 電子データ保存の要件

① 自社開発のプログラムの場合、システムの概要を記載した書類の備付け

② 見読可能装置の備付け等（肉眼で見ることができるようにパソコンやプリンタを設置する）

③ 検索機能の確保

  a 取引年月日、取引金額、取引先により検索ができること

  b 日付又は金額に係る記録項目については範囲指定検索ができること

  c 2以上の任意の記録項目を組み合わせて条件設定ができること

（税務調査時に電子データを提供するのであれば、bとcは不要）

（基準期間における売上高が 1,000 万円※以下である事業者は、税務調査時に電子データを提供するのであれば検索要件は不要）

④ 授受した電子データには、以下のAからDのうちいずれかの措置を講じる

  A タイムスタンプが付された後の授受

  B 速やかにタイムスタンプを付す

  C データの訂正削除を行った場合にその記録が残るシステム又は訂正削除ができないシステムを利用する

  D 訂正削除の防止に関する事務処理規程＊の備付けと運用

＊事務処理規程……電子データの保存義務を履行するための社内の事務処理方法などの必要事項を定めたもの。「電子取引データの訂正及び削除の防止に関する事務処理規程」

※令和6年1月1日以後は 5,000 万円以下

通常、自社でプログラムを開発しないだろうから①は無視。②はパソコンで電子データが肉眼で見られれば OK。③の検索機能の確保はちょっとした工夫で乗り切れる。ⅠとⅡの好きな方法を選べばいい。

## I　一覧表の作成により検索要件を満たす方法

PDF ①
PDF ②
PDF ③

| 連番 | 日付 | 金額 | 取引先 | 備考 |
|------|------|------|--------|------|
| ① | 20210131 | 110,000 | ㈱霞商店 | 請求書 |
| ② | 20210210 | 330,000 | 国税工務店㈱ | 注文書 |
| ③ | 20210228 | 330,000 | 国税工務店㈱ | 領収書 |
| ④ | | | | |

## II　ファイル名の入力により検索要件を満たす方法

1　請求書データ（PDF）のファイル名に、規則性をもって内容を表示する。

（例）2022年（令和4年）10月31日に株式会社国税商事から受領した110,000円の請求書

　　　PDF 20221031 ㈱国税商事　110,000

2　「取引の相手先」や「各月」など任意のフォルダに格納して保存する

これならできそうです！
社長にやり方をお教えすればやってもらえそう。

基準期間における売上高が1,000万円以下である事業者は、税務調査時に電子データを提供できるのであれば検索要件は不要だから、無理する必要はない。

さらに令和5年度税制改正で、基準期間における売上高が1,000万円以下から5,000万円以下の事業者とされたんだ。

え、そうなんだ！　僕の担当先で、検索要件を満たすのが大変だからって全部紙に戻しちゃったところがあるよ。売上高5,000万円以下の事業者の場合、検索要件いらないなら紙にしなかったのに。

売上高が5,000万円超でも出力書面の提示等の求めに応じられれば検索要件が不要になるんだよ。

5,000万円超でも？
ということは対象者に制限ないってこと？

そう。出力書面が整然とした形式及び明瞭な状態で出力され、取引年月日その他の日付及び取引先ごとに整理されている必要があるけどね。

さらにさらに、令和5年12月31日をもって書面保存が認められる宥恕措置が廃止されるわけだけど、令和5年度税制改正で令和6年1月1日からは新たな猶予措置が設けられることになった。しかもこれは恒久的措置。

## 令和6年1月1日からの猶予措置（令和5年度税制改正）

電子取引に係る電子データを保存要件に従って保存できなかったことにつき所轄税務署長が「相当の理由」があると認め、

税務調査での電子データのダウンロードの求め
及び
当該電子データの出力書面（整然とした形式及び明瞭な状態で出力されたもの）の提示又は提示の求め
に応じることができるようにしている場合

### 保存要件は不要で電子データの保存が認められる

 なんだか、ごちゃごちゃしてきました。

 まとめてみようか。

### 電子取引の電子データ保存の方法（R6.1.1以降）

|  | 原則 | 誰でも | 売上高5,000万円以下 | 相当の理由あり |
|---|---|---|---|---|
| 検索要件 | 必要 | – | – | – |
| ダウンロードの求めに応じる | – | 必要 | 必要 | 必要 |
| 出力書面の提示等の求めに応じる | – | 必要 | – | 必要 |
| 見読可能装置の備付け等の要件 | 必要 | 必要 | 必要 | – |
| 改ざん防止の要件（タイムスタンプ等） | 必要 | 必要 | 必要 | – |

誰でも……出力書面は整然とした形式及び明瞭な状態で出力され、取引年月日その他の日付及び取引先ごとに整理されたものに限る

「相当の理由」がある場合は、ダウンロードの求めに応じて出力書面の提示等の求めに応じれば保存要件を満たしていなくてもいいんですね。「相当の理由」ってどんな内容なのかしら？

「やむを得ない事情」みたいに、システム導入ができないとかいう理由でもいいのかな？

まだハッキリはしていないんだけど、基本的に適用を広く認める方向で検討されているみたいだよ。

この措置の整備の経緯等からしてもそうですよね、そうであって欲しいな

ここでの基準期間って、消費税と同じですか？

そうだね。でも、「売上高」であって「課税売上高」じゃないから、非課税売上げも含めた額で考えるよ。

電子データ保存の要件に戻りますけど、④のタイムスタンプは必ず必要なんですか？

④はAからDの「いずれか」の措置を講じればいいんだ。Aは取引先がタイムスタンプをつけてくれるかだから、こっちでコントロールできないからダメ。BとCはお金がかかるから避けたい。とするとDだね。

訂正削除の防止に関する事務処理規程の備付け？

国税庁 HP にひな形があるから、それを自社用にカスタマイズして、その規程に沿って処理すればいい。これならお金をかけずに電子データを保存できるよ。

## インボイス導入にあたって

しかしまあ、インボイス制度が始まるといろいろ変わって大変だね。

請求書の様式も変わるし、帳簿への記載事項も追加があるものね。でも、一番大変なのは関与先へのインボイスの説明と関与先の意向確認、登録申請、関与先への入力指導。漏れがないようにしないと。

八海山商事の経理担当者、営業担当の経費の入力が多くて大変そうなんだよね。これ以上入力の負荷がかかったら辞めちゃうかも……。

これを機に、スキャナ保存を導入した方がいいかもしれないね。スキャンして仕訳も連動させて。改正電帳法で少しは導入しやすくなったことだし。スキャナ保存のシステムには電子取引の保存もできるシステムもあるから一石二鳥だよ。

うわ、またやることが増えた

でも、そうですよね。
日付や金額が自動で入力されるだけでもかなり楽になります。

スキャナ保存も問題はいろいろあって、役員の交際費のデータが全社員に公開されていいのか、営業担当が協力してくれるか、とか。営業担当にしてみたら経理の負担を押し付けられると感じてしまうこともあるようだし。

役員の交際費の公開はヤバいかも（笑）。

営業担当の人はただでさえ忙しいですものね。
空いた時間に画像を撮って入力はちょっと酷かもしれません。

でも、今後スキャナ保存が効率化のカギを握ると思うから、した方がいいんだよね。いきなり全部スキャナ保存を導入する必要はない。一部からでもいいんだよ。令和５年度税制改正でさらに要件が緩和されたしね。

小口だけ、とか一部導入からでもいいんですね。それならちょっとやってみようかな。しかし、確定申告が今よりきつくなるのは確実だなあ😓　チェックリスト作らないとやることが漏れそうだよ。

お客さんが自分で会計システムに入力しているところは、今免税でも課税事業者になるんだから消費税の入力を指導しなきゃいけないのよね。自分だって不安なのに😓

たまに、松木さん、費用科目に売上げの税区分を入力してるときあるよね（笑）。

笑わないでよ！　だって混乱してきちゃうときがあるんだもん。

いい機会だから、消費税を復習がてら、会計システムに入力するときの税区分を見ておこうか。

# 第4章

## 売上げの税区分コードと
## 海外絡みをマスターする！

＊税区分コードはシステムによって入力しない初期設定になっていたり、設定を変更しないと税区分コードを入力できない科目がありますので、各システムの操作説明書でご確認ください。

# 売上げの税区分コード

## 消費税の税額控除は３種類

消費税の納税額の原則的な計算方法は、受け取った消費税から支払った消費税を差し引く方法。専門的な用語で表現すると「**課税売上げに係る消費税額から課税仕入れ等に係る消費税額を控除する**」。

 このことを「**仕入税額控除**」というんでしたよね。

そう。消費税の計算は仕入税額控除の額が大きいしキモなんだけど、他にも税額控除があるんだ。それが①の「売上げに係る対価の返還等をした場合の消費税額」と②「貸倒れに係る消費税額」。

| 売上げに係る消費税額 | ①売上げに係る対価の返還等をした場合の消費税額 | | |
| | ②貸倒れに係る消費税額 | | |
| | | ③仕入税額控除 | |
| | | | 納付税額 |

 会計システムで仕訳を入力するとき、税区分で「売上げに係る対価の返還」って表現が出てきますけど、なんとなくわかるようなわからないような……

これは売上げの返品や値引き、割戻しといった取引をしたときに使用するコードだよ。売上値引きのときに、1,000円のところ、10円値引きをしたら、どんな仕訳を入力してる？

売上げを10円借方にしてます。

```
現金　1,000円　　　　　　　／売上　1,000円　（課税売上げ）
売上　　 10円（課税売上げ）／現金　　 10円
```

それで合っているよ。これで消費税納税額に影響ない。実務では売上科目で直接落としていることが多い。「売上値引き」と科目を別に用意している場合、対価の返還の税区分を選ぶ感じだけど、実はどちらの方法でも税額に影響はないんだ。

```
現金　　 1,000円　　　　　　　／売上　1,000円　（課税売上げ）
売上値引　 10円　　　　　　　　／現金　　 10円
　　　　（課税売上げに
　　　　　係る対価の返還）
```

## 返還インボイス

インボイス制度が始まってからは、必ず「対価の返還」を選んで欲しい取引があるんだよね。

必ずですか？

そう。売掛金の入金時に、振込手数料を取引先が負担してくれ
ないときがあるじゃない？　その時、仕訳はどうしてる？

雑費か支払手数料で処理してます。

消費税の税区分は？

課税仕入れです。

インボイス制度がスタートしたら、この場合、インボイスがない
と仕入税額控除ができない。

確かに！　といっても、証憑を持っているのは取引先だよ。

これをどうするか、というところで、売上げの値引きをしました
という形を取れば返還インボイスをこちら側から発行すればよ
くなる。

返還インボイス？

正式名称は適格返還請求書。インボイス発行事業者には、課税事業者に返品や値引き等の売上げに係る対価の返還等を行う場合、適格返還請求書の交付義務が課されているんだよ。

取引先が振込手数料を負担してくれなかったときに、じゃあ証憑くれなんて言えないから、値引きしたことにして返還インボイスを発行するんだ。

なるほど。

そしてさらに、令和5年度税制改正で、少額の返還インボイスの発行義務が免除されたから、返還インボイスを発行する必要はなくなった。

ということは、何もしなくていいんだ。

そうなんだけど、雑費や支払手数料で処理して税区分を課税仕入れとしてしまうとインボイスが必要となってしまって仕入税額控除ができなくなる。だから、このときに**税区分は「対価の返還」**を選んでほしいんだ。

「費用科目で処理して、つられて課税仕入れの税区分を選んでしまいそうですね🍂

でしょ。なのでちょっとここは注意して欲しいところになるんだ。

「対価の返還」区分を選ぶのは主に売上割引きのときですよね。

売上割引き……売掛金が支払期日前に決済されたときに取引先に支払うものよね。これは利子の性質を持つものでしょ？

非課税取引とされる利子は、利子を対価とする金銭の貸付け。売上割引きは金銭の貸付けじゃないから、売上対価の返還として扱うんだよ。

売上げに関する割引き、値引きは「対価の返還」で考えていいんですね。

システムによって表現が変わるけれど、「返還」がキーワードだね。

| 税区分コード | |
| --- | --- |
| TKC | 課税売上げに係る対価の返還 |
| 弥生会計 | 課税売上返還 ○ % |
| freee | 課税売返 ○ % |
| マネーフォワード | 課売 - 返還 ○ % |

## 課税売上げに係る売掛金が貸し倒れたら

②貸倒れに係る消費税額も見ておこう。前期に計上した課税売上げに係る売掛金が貸し倒れてしまったら、消費税を受け取れなかったのにその分納税してしまっている。それじゃ納め過ぎなので、当期の売上げに係る消費税額から控除するんだ。

前期分を修正するんじゃなくて、当期分から前期の貸倒れ分を引いていいんですね。

そうだね。控除できるのは、課税売上げを計上した期が課税事業者だった場合だけ。売り上げた期が免税事業者ならダメ。売り上げたときの税率も気を付けないとね。

免税事業者となった後に、課税事業者だった頃の売掛金の貸倒れも控除できないよ。

発生時と貸倒れ時、両方課税事業者じゃないとダメなのね。

あと気を付けたいのが、貸倒損失の仕訳だけど、消費税が不課税って勘違いする人がいるんだ。これは課税になるんだよ。税抜経理で仕訳をしてみようか。

**去年（課税事業者、税抜経理）の課税売上げ 11,000 円が今年貸し倒れた**

| | | | |
|---|---|---|---|
| 貸倒損失 | 10,000 円 | 売掛金 | 11,000 円 |
| （課税売上げに係る貸倒れ） | | | |
| 仮受消費税等 | 1,000 円 | | |

| 税区分コード | |
|---|---|
| TKC | 課税売上げに係る貸倒れ |
| 弥生会計 | 課税売上貸倒 ○ % |
| freee | 課税売倒 ○ % |
| マネーフォワード | 課売 - 貸倒 ○ % |

貸倒れだから、「倒」がキーワードですね。

 貸倒れは値引きのように
課税売上げの税区分コードにしても大丈夫ですか？

 それはダメなんだ。課税売上割合に影響が出てしまうから貸倒れの税区分コードを選ぶ必要がある。

 課税売上割合？

 こんな式なんだ。

$$課税売上割合 = \frac{課税売上高（課税取引＋免税取引）}{総売上高（課税取引＋免税取引＋非課税取引）}$$

 分子も分母も、売上げについて返品を受け、又は値引き、割戻し等を行った場合は、それらに係る金額を控除した後の額だけど、**貸倒れは控除しないよ。**

 返品や値引き、割戻しと貸倒れって似てる感じがしますけど？

課税売上割合は、課税期間中の売上全体のうちに消費税が課される売上高が何%占めていたかを表す割合。返品や値引き、割戻し後の金額が最終的な売上高となるけれど、貸倒れは売り上げたことには変わらないから控除するとおかしなことになってしまうからね。

# 貸倒処理した債権を回収した場合

貸倒処理した債権が回収できることもあるよね。その場合の処理も見ておこう。

未だかつて出合ったことがない処理です。勘定科目は何だったかしら?

償却債権取立益だよ。過年度をつけて過年度償却債権取立益ということもあるよ。

取引先が倒産して10万円貸倒処理したけれど残余財産の分配で3万円入金があった、という場合だね。回収した貸倒債権が課税売上げに係るものだったら、回収債権の消費税を回収した課税期間で納める必要がある。

| 税区分コード | |
| --- | --- |
| TKC | 不課税取引(税外取引)申告書作成時に対応 |
| 弥生会計 | 課税売上貸倒回収 ○% |
| freee | 課税売回 |
| マネーフォワード | 課売 - 回収 ○% |

TKC は税区分コードがないんですね。

めったに出てこない取引だからねえ。

これも課税売上割合の計算には入らない取引。課税売上げの税区分コードで計上してしまうと課税売上割合がおかしくなってしまうから、TKC は仕訳計上時は不課税取引にして、申告書作成システムで対応だね。

なるほど、なんとなくやってしまっていたけれど、これで課税売上げは税区分コードを選べそう。でも私、税区分コード全般が不安なんです✎
何が非課税か不課税か、というのも迷うときがあるし。

次は、課税、非課税、不課税の判定と一緒に他の税区分コードも見ていこう。

# 2 ▶ 課税・非課税・不課税。 どうやって分けるの？

## 消費税のかかる取引、かからない取引

消費税が課税か非課税か不課税か免税か、は順序が大切。必ず
この順番で判定する。

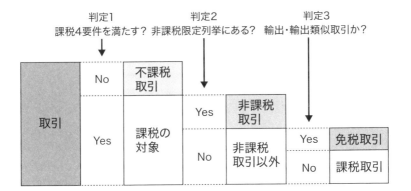

判定1
課税4要件を満たす？

判定2
非課税限定列挙にある？

判定3
輸出・輸出類似取引か？

まずは不課税のものを除外しよう。

---

### 消費税が課税される4要件（課税4要件）

1. 国内において行われる取引
2. 事業者が事業として行う取引
3. 対価を得て行う取引
4. 資産の譲渡、資産の貸付け又は役務の提供

# 不課税・課税対象外

この4要件のどれかに当てはまらないなら消費税は課税されない。4要件全てに該当するものが課税取引。該当しないものは「課税対象外」とか「不課税」っていったりする。イメージしやすいのは給料だね。

給料は雇用契約に基づく労働の対価なので課税4要件の「2.事業者が事業として行う取引」ではないから不課税ですね。

贈与でお金をもらうのも、事業じゃないですし、役務の提供でもないので不課税。配当や生命保険金の受取りも不課税でしたね。

損害賠償金も不課税だけど、棚卸商品に対するものや、不動産明渡し遅滞による賃貸料相当分、旅行キャンセル料のうち、解約事務手数料は課税になるよ。

旅行キャンセル料は宿泊代相当だと不課税ですよね。

宿泊代に相当するものは逸失利益に対するものだからね。

| 税区分コード | |
|---|---|
| TKC | 不課税取引（税外取引） |
| 弥生会計 | 対象外（対象外売上・対象外仕入） |
| freee | 対象外（対外売上・対外仕入） |
| マネーフォワード | 対象外（対象外売・対象外仕） |

税区分コードは「外」がキーワードかな。

システムによっては売上げと仕入れ、分けてますね。

管理上の問題だね。課税されない取引の集計のときに不課税の売上げと不課税の仕入れを分けたい場合、「対象外」ではなくて「対外売上」、「対外仕入」を使用する。不課税取引はともかく除外していれば税額に影響はないよ。

# 非課税

不課税を除外できたら次は非課税。頭がごっちゃになりやすいから、まず売上側だけ考えよう。

例えば、土地の賃貸料や人が住んでいるマンションの家賃収入。これは課税4要件を満たしているけれど非課税になる。1か月未満の貸付けは課税だけどね。

本当は消費税を課税すべきところだけれど、土地は消費という行為と馴染まないという理由。住宅の貸付けは社会政策的配慮で非課税なんですよね。

非課税は法律で決められているので覚えるしかない、ってヤツだよね。

そう。非課税は限定列挙。

## 非課税取引

### 税の性格上課税対象とならないもの
1. 土地の譲渡、貸付け
2. 有価証券等の譲渡、支払手段の譲渡
3. 利子、保証料、保険料など
4. 郵便切手類、印紙、商品券、プリペイドカード等の譲渡
5. 住民票の発行や戸籍抄本の交付等の行政手数料、外国為替業務の手数料

### 社会政策的配慮に基づくもの
6. 社会保険医療の給付等
7. 一定の介護保険サービス、社会福祉事業等によるサービスの提供等
8. 助産
9. 埋葬料、火葬料
10. 一定の身体障害者用物品の譲渡、貸付け等
11. 一定の学校の授業料、入学金等
12. 教科書用図書の譲渡
13. 住宅の貸付け

### 非課税売上げの税区分コード

| | |
|---|---|
| TKC | 非課税売上げ |
| 弥生会計 | 非課税売上 |
| freee | 非課売上 |
| マネーフォワード | 非売 |

非課税売上げでも、値引きや割引き、貸倒れが発生することはあるから、税区分コードがそれぞれ用意されているよ。

## 非課税売上げの値引き・割引きの税区分コード

| | |
|---|---|
| TKC | 非課税売上げに係る対価の返還 |
| 弥生会計 | 非課税返還 |
| freee | 非課売返 |
| マネーフォワード | 非売 - 返還 |

## 非課税売上げの貸倒れの税区分コード

| | |
|---|---|
| TKC | 不課税取引(税外取引) |
| 弥生会計 | 非課税貸倒 |
| freee | 非課売倒 |
| マネーフォワード | 非売 - 貸倒 |

 TKCは非課税売上げの貸倒れの税区分コードがないんですか?

 課税売上げに係る貸倒れの税区分はちゃんとありましたよね。

課税売上げに係る貸倒れは課税売上割合に影響しないけれど、税額から控除するからね。でも、非課税売上げの貸倒れは課税売上割合に影響しないし、税額からの控除もない。

非課税売上げのコードで入力したものは課税売上割合の分母に入ってくる。課税売上割合の分母から非課税売上げの貸倒れは控除しないから、非課税売上げの貸倒れの税区分コードがないからといって非課税売上げのコードを使うわけにはいかない。

非課税売上げの貸倒れは課税売上割合の分母に含まないし、税額から控除する額もないから不課税取引で入力することになっているのか。

そうだね。非課税売上げの貸倒れの税区分コードを作るとコードが増えてしまって大変だからこうしてるんじゃないかな。

## 有価証券や金銭債権

あと、有価証券を譲渡したときの税区分コードに気を付けないとですよね。

債券や株式、貸付金や売掛金などの譲渡をした場合、税区分が変わるよ。

| 有価証券や金銭債権の譲渡の税区分コード | |
| --- | --- |
| TKC | 有価証券等の譲渡 |
| 弥生会計 | 有価証券譲渡 |
| freee | 有価譲渡 |
| マネーフォワード | 非売 - 有証 |

これらは非課税売上げですよね？
非課税売上げの税区分を使わないんですか？

消費税計算でさっき出てきた課税売上割合というものを使うんだけど、分母に非課税売上げが入ってくる。

この割合が小さくなれば、通常、消費税の納税額は大きくなる。非課税売上げは分母にしかない。割合が小さくなるときは非課税売上高がより大きくなるとき？　それとも小さくなるとき？

割合が小さくなるのは、分母が大きくなるときなので、非課税売上げが大きくなるときです。

そうだね。有価証券の売買を毎日している場合は取引額が巨額になることもある。でも、利益が大きいとは限らない。取引額が全額非課税売上げとして課税売上割合の分母に算入されると、課税売上割合が小さくなってしまい消費税負担が重くなってしまう。

それでは困りますね。

だから、有価証券等の譲渡の場合、課税売上割合の分母に取引額を全額入れるんじゃなくて5％だけ入れることになっているんだ。それで、税区分が別に用意されているんだよ。

なるほど。

合資会社、合名会社、合同会社、協同組合等の持分はそんなに頻繁に取引はないだろうし、巨額になることもないだろうから、5％じゃなくて全額含めることになるよ。

# 免税売上げ

 取引から不課税と非課税を取り除いたあと、免税を取り除くと課税取引といっても、免税取引が課税4要件を満たしているっていうのがよくわからなくて。「1.国内で行われる取引」に該当しないと思うんですけど？

 輸出を考えてみようか。輸出が成立するのは日本の港にある保税地域で手続きが終了したときなんだ。

 保税地域って何ですか？

 外国貨物がそこにある間は一定期間関税の徴収が猶予される地域だよ。輸出入貨物の積卸しや検査などのために設けられる。日本の港で輸出が成立するから、国内取引で1の要件を満たすんだよ。

 なるほど、それなら国内取引ですね。じゃあなんで消費税をかけないんですか？　トヨタのような輸出企業は免税で消費税の還付がものすごい額だって聞いたことがあるんですが、商品を売る先が海外になると消費税が還付されるって不思議だなあと。

 それは消費地課税主義という考え方をするからだよ。日本の消費税は日本で消費する場合に課するもので、国外の消費には課さないようにしているんだ。

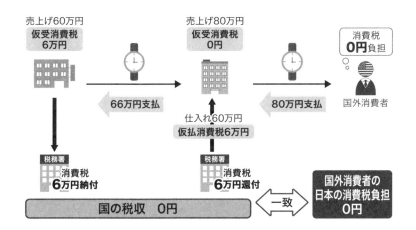

売上げ60万円
**仮受消費税
6万円**

売上げ80万円
**仮受消費税
0円**

消費税
**0円**負担

66万円支払

仕入れ60万円
**仮払消費税6万円**

80万円支払

国外消費者

税務署
消費税
**6万円納付**

税務署
消費税
**6万円還付**

**国の税収　0円**

一致

**国外消費者の
日本の消費税負担
0円**

消費税は事業者の申告納税手続きを通して実質的に**消費者が税を負担**することが予定されている税。でも、消費地課税主義で国外の消費者には消費税を負担させない。

この場合、事業者が仕入れ時に払っていた消費税が控除できないとなると事業者のコストとなって輸出品の価格上昇を招き、国際競争力を低下させる。それじゃ困るから、輸出は消費税を免除するけれど、仕入れの税を控除できるとしているんだ。

0％課税っていう人もいますよね。

輸出を課税売上げと考えているんだ。
課税売上割合の算式に、分母分子両方出てくるよね。

## 輸出（課税）の税区分コード

| | |
|---|---|
| TKC | 輸出売上げ（課税品の輸出等） |
| 弥生会計 | 輸出売上 |
| freee | 輸出売上 |
| マネーフォワード | 輸売 0% |

 なるほど。輸出は免税なんですね。
輸入はどうなるんですか？

 輸出と輸入はちょっと違うんだよ。

# 3 ▶ 輸出は免税。輸入は？

## 「 輸入は4要件に当てはまらないのに課税 」

輸入取引は課税されるんだよ。

輸出が免税なので、
輸入もそうかと思ったんですけど違うんですね。

外国貨物は日本で消費される。消費税分安いとなると国内で製造・販売される物品にとっては脅威だよね。国内物品との競争条件を等しくするために課税されるんだ。輸入貨物を保税地域から引き取るときには消費税を納める必要がある。消費者が輸入しても消費税を納めるよ。

え！　事業者じゃないのに消費税を納めるんですか？

そう。輸入はちょっと他と毛色が違うんだ。これは税務大学校のテキストから引っ張ってきたんだけど。輸入は事業者という判定要素はないんだ。

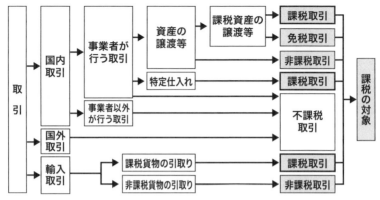

（注）　輸入取引については、事業者以外の者が行ったものであっても課税の対象となる。

（出典：税務大学校講本「消費税法（令和4年度版）」）

輸入貨物を保税地域から引き取るなら事業者以外も消費税と関税を納める必要がある。海外のサプリや化粧品の個人輸入とか聞いたことないかな？

そういえば、化粧品を海外から輸入していた友達が1万6,000円くらいまでにした方がお得とか言ってたような。

個人輸入の場合、商品代金の60％課税の特例があって、商品代金16,666円までは免税だからだよ。事業者の場合、課税対象額の合計が10,000円以下の場合は免税となって関税、消費税は課税されない。超えると、税関に対して関税や消費税を納めることになるよ。

税関？

港や空港みたいな外国と交通する所にあって、貨物・携帯品・船・航空機の取締りや関税とかの取立てをする役所だよ。

輸出は税が免除されて免税、輸入は、日本で消費されるから課税。ややこしいですね🥲

## 輸入の仕訳は普通の仕訳と一味違う

輸入は仕訳も難しいんだよね。

そうなの？

今までの「消費税」の常識とまるっきり違うんだよ。

そうか、竹橋くんはこの前、鶴齢商事さんで輸入取引を勉強していたね。

## 輸入の仕訳は税込経理と税抜経理で勘定科目が変わる

 輸入の仕訳、八海山商事さんで税込経理はやったことあったんですけど、鶴齢商事さんは税抜経理だったんで焦りましたよ。税抜か税込かで勘定科目が変わるなんてビックリ。

### 課税売上げに対応する輸入仕入れ（課税）を行った場合の仕訳と税区分コード

【税込経理の場合】

| 輸入貨物対価 | 仕入／預金 |
|---|---|
| TKC | 輸入課税仕入れ（課税売上げにのみ要するもの） |
| 弥生会計 | 課税対応輸入本体 |
| freee | 課対輸本 |
| マネーフォワード | 輸仕 - 本体 ○% |

| 関税 | 仕入／預金 |
|---|---|
| TKC | 輸入課税仕入れ（課税売上げにのみ要するもの） |
| 弥生会計 | 課税対応輸入本体 |
| freee | 課対輸本 |
| マネーフォワード | 輸仕 - 本体 ○% |

| 輸入消費税（国税） | 仕入／預金 |
|---|---|
| TKC | 輸入課税仕入れ（課税売上げにのみ要するもの） |
| 弥生会計 | 課税対応輸入消費税 |
| freee | 課対輸税 ○% |
| マネーフォワード | 輸仕 - 消税 ○% |

| 輸入消費税（地方税） | 仕入／預金 |
|---|---|
| TKC | 輸入課税仕入れ（課税売上げにのみ要するもの） |
| 弥生会計 | 地方消費税貨物割 |
| freee | 地消貨割 ○% |
| マネーフォワード | 輸仕 - 地税 ○% |

**【税抜経理の場合】**

| 輸入貨物対価 | 仕入／預金 |
|---|---|
| TKC | 輸入課税仕入れ(課税売上げにのみ要するもの) |
| 弥生会計 | 課税対応輸入本体 |
| freee | 課対輸本 |
| マネーフォワード | 輸仕 - 本体 ○% |

| 関税 | 仕入／預金 |
|---|---|
| TKC | 輸入課税仕入れ(課税売上げにのみ要するもの) |
| 弥生会計 | 課税対応輸入本体 |
| freee | 課対輸本 |
| マネーフォワード | 輸仕 - 本体 ○% |

| 輸入消費税(国税) | 仮払消費税／預金 |
|---|---|
| TKC | 輸入課税仕入れ(課税売上げにのみ要するもの) |
| 弥生会計 | 課税対応輸入消費税 |
| freee | 課対輸税 ○% |
| マネーフォワード | 輸仕 - 消税 ○% |

| 輸入消費税(地方税) | 仮払消費税／預金 |
|---|---|
| TKC | 輸入課税仕入れ(課税売上げにのみ要するもの) |
| 弥生会計 | 地方消費税貨物割 |
| freee | 地消貨割 ○% |
| マネーフォワード | 輸仕 - 地税 ○% |

 本当だわ、税込経理と税抜経理とで科目が違う。
「仮払消費税」勘定をダイレクト入力なんて初めて。

# 輸入消費税は別管理

申告書作成時、国内の課税仕入れ分の仕入税額控除は、課税期間の課税仕入れの合計値を割り戻して消費税額を計算するけれど、輸入消費税は為替とかの関係で実際に支払った対価の$\frac{10}{110}$にならないこともある。だから国内取引とは違って**消費税支払額を別管理して、支払った税額そのものを控除する**んだって。

輸入は輸入代行業者に依頼することが多い。輸入代行業者に依頼すると税関に輸入申告をして、関税や消費税を納税してくれて輸入代行業者からの請求書と一緒に「輸入許可書」が届く。輸入許可書に消費税額が書いてあるよ。

輸入許可書に書いてある消費税額を入力するんですね。

TKC の場合、税抜経理なら科目でわかるけれど、税込経理の場合は科目が全部「仕入」で税区分コードも同じになってしまうから、摘要欄に消費税分であることがわかるように記帳しておいた方がいいね。

弥生会計や freee、マネーフォワードだと国税分は「課対輸税」、地方税分は「地消貨割」と分けているのに TKC は一緒なんですね。分けなくて大丈夫なのかしら？

TKC は消費税申告書作成システムの方で、税抜経理の場合は「自動計算（消費税額等×一定の割合）」とするか、「貨物割の地方消費税額を入力」とするかを選択するんだ。

(1)　「自動計算（消費税額等×一定の割合）」を選択した場合
　　　割合でシステムが自動計算
(2)　「貨物割の地方消費税額を入力」を選択した場合
　　　消費税額等から、実額入力した地方消費税額を差し引いた金額
　　が「輸入仕入れに係る消費税額」

(2)で計算する場合は、輸入消費税（国税）と輸入消費税（地方税）を別に仕訳しておいた方が楽ですね。

税込経理の場合は、消費税申告書作成システムに「本体価格」、「消費税額」、「貨物割の地方消費税額」のその期の合計額をダイレクト入力するよ。税込経理でも税抜経理でも、仕訳段階で分けておいた方が申告書を作成するとき楽だね。

# 4 海外絡みのいろいろ

## 国際運輸、国際通信、国際郵便

海外絡みは他にも注意したい取引があって、国際運輸、国際通信、国際郵便。これらは出発地、発送地、発信地、差出地、到着地、受信地、配達地のどこかが日本なら国内取引と考えるんだ。だから判定は課税取引なんだけど、消費税は免除されて免税となる。

 FedEx とか EMS の利用代金は免税になるんですよね。

 FedEx は知ってる、海外配送の会社よね。EMS って？

 Express Mail Service。
郵便局の国際スピード郵便のことだよ。

 そういう名前なのね、知らなかった。

## EMS に切手を貼って出すときの注意点

EMS に切手を貼って出したときは注意しないとね。会社で切手を購入するときって、どうやって仕訳してる？

非課税取引一覧の4（P102 参照）に確かに切手が載っているけれど、ダイレクトに通信費の課税仕入れで入力してますよね。

そうそう、通達にそれでいいってあるし。

切手を購入したとき
通信費（課税）　／　　現金

国内の郵便はそれで OK。
でも、EMS に切手を貼ったときはそれじゃダメなんだよ。

あ！　そうか、国際郵便は免税だ！

国際郵便に切手を使ったら、課税で入力したままじゃ間違えていることになってしまうのね。税区分コードは何になるのかしら？

国際郵便代の支払いは税が免除されて消費税の対象じゃないから不課税とか対象外だね。

### 国際郵便料金支払いの税区分コード

| | |
|---|---|
| TKC | 不課税取引(税外取引) |
| 弥生会計 | 対象外(対象外仕入) |
| freee | 対象外(対外仕入) |
| マネーフォワード | 対象外(対外仕) |

## 電気通信利用役務の提供

海外絡みはまだあるよ。消費税は役務提供地が国内なら課税取引となるけれど、「役務提供地が判定できないものは役務の提供を行う者の、その役務の提供に係る事務所等の所在地」で国内取引かどうか判定するというルールがある。

 でも、電気通信利用役務の提供はそれと真逆のルールで判定するんだ。

 電気通信利用役務の提供？

## 消費者向け電気通信利用役務の提供

 海外からのインターネットを通じた電子書籍・音楽・広告の配信やクラウドサービスのことだよ。

昔、これらの役務の提供は「役務提供地が判定できないものは役務の提供を行う者の、その役務の提供に係る事務所等の所在地」とするルールに従い、国外事業者からの配信は国外取引と判定されて、消費税は課税されなかった。

でも、国内から同一のサービス提供を受けると、その役務の提供には消費税が課税される。

昔、楽天がカナダの電子書籍会社 kobo を買収して国内の電子書籍などの注文を kobo 経由にすれば消費税分安くなるっていう販売手法を取って、批判されましたよね。

そうだね。平成 27 年 10 月 1 日以降は、電気通信利用役務の提供は、役務の提供を受ける者の住所地で判定することになったんだ。

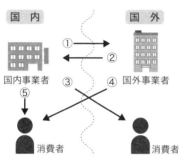

| 取引 | 改正前 | 改正後 |
|---|---|---|
| ① | 国内取引：課　税 | 国外取引：不課税 |
| ② | 国外取引：不課税 | 国内取引：課　税 |
| ③ | 国内取引：課　税 | 国外取引：不課税 |
| ④ | 国外取引：不課税 | 国内取引：課　税 |
| ⑤ | 国内取引：課　税 | 国内取引：課　税 |

※　改正前の取引①及び③は、輸出証明書の保存などの所定の要件を満たすことで輸出免税の対象となります。

（出典：国税庁ホームページ）

全く逆じゃないですか🎵

すごいよね。発想の転換というかなんというか……。

電気通信利用役務の提供は、
日本にいるなら国外から受けても（②④）、国内から受けても
（⑤）、課税取引になったということですね。

## 登録国外事業者でないと仕入税額控除できない

ところが、サービスを提供した国外事業者が税務署に「登録国外事業者」登録していないと仕入税額控除できないんだ。仕入税額控除したいなら登録国外事業者の登録番号を帳簿に記載する必要がある。登録国外事業者ではないなら請求書に「消費税等」って書いてあったって仕入税額控除はできない。

仕入税額控除ができないのは困ります。
登録国外事業者から購入したいです。

そうやって、国外事業者に登録を促しているんだ。
Amazon も、電子書籍を購入すると登録国外事業者の登録番号が書いてあるよ。

Amazon って日本法人作ってますよね？　あれじゃないの？

電子書籍の販売はアマゾンジャパン合同会社じゃなくて、
Amazon Services International,Inc だよ。

ほんとだ！
支払い明細書に登録国外事業者番号が書いてある。

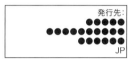

# 支払い明細書

Amazon Services International.Inc,
410 Terry Avenue North
Seattle,WA 98109
United States
登録国外事業者番号：00003

注文日：2022/00/00
提供日：2022/00/00
注文番号：●●●●●●●●●●

請求日：2022/00/00
請求番号：●●●●●●●●●●

発行先：
●●●●●●●
●●●●●●●
●●●●●●●
JP

| 数量 | 内容 | 価格<br>(税抜) | 税率 | 消費税 | 価格<br>(税込) | 合計<br>(税込) |
|---|---|---|---|---|---|---|
| 1 | Kindle Unlimited | ¥891 | 10% | ¥89 | ¥980 | ¥980 |
| | 合計： | ¥891 | | ¥89 | | ¥980 |

登録国外事業者は必ず課税事業者になるから、日本に消費税の申告をして納税をする必要が出てくる。

なんだか似たような制度がありますね？

そう、インボイス制度と同じだよね。課税事業者に、課税事業者から仕入れないと仕入税額控除ないよ、って制度にすることで、免税事業者に登録させて課税事業者にさせる、という。

免税事業者が国外事業者に変わっただけですね。

だから、今回、登録国外事業者制度はインボイス制度に吸収されることになった。令和5年10月からは、帳簿に登録国外事業者の登録番号を記載する必要はなくなるよ。

# リバースチャージ

今度は事業者向けの電気通信利用役務の提供を見ていこう。ネット広告配信やアプリ販売のオンラインプラットフォーム提供のような、役務の提供を受ける者が通常事業者に限られるものや、事業者同士が相対で契約するケース。この場合はリバースチャージという課税方式が取られる。

 リバースチャージ？

源泉徴収の消費税版、って考えるといいよ。事業者向けの電気通信利用役務の提供を受けたなら、本体価格だけを相手に支払って、消費税分は納税しなきゃいけないんだ。

 サービス購入側が納税するなんて

国外事業者から芸能・スポーツ等の役務の提供を受けた場合もこのリバースチャージ課税方式が取られる。

 芸能・スポーツ？

外国人タレントやスポーツ選手は受け取ったギャラについて、消費税の申告納税をしないで帰国することが多いんだ。

 あら。

滞在も短期間だし、納税義務があることを知らないことも多いだろうしね。

ギャラを支払う日本の事業者は仕入税額控除を行うから、納税がないのに仕入税額控除があることが問題視されていた。それで、平成28年4月1日からリバースチャージの対象となったんだよ。

国内においてプロモーター等がギャラを支払う外国人タレント等の芸能活動を「特定役務の提供」というんだけど、これと「事業者向けの電気通信利用役務の提供」はリバースチャージの対象となる課税仕入れ。これを「特定課税仕入れ」というよ。

税区分コードに「特定課税仕入れ」ってあるシステムもありますね。これだったんですね。

**リバースチャージの税区分コード**

| | |
|---|---|
| TKC | 特定課税仕入れ |
| 弥生会計 | 対象外として区分、申告書作成時に対応 |
| freee | 対象外として区分、申告書作成時に対応 |
| マネーフォワード | 特定課仕 ○% |

さっき、源泉徴収の消費税版って言ってましたけど、消費税を天引きして、翌月に納付しなきゃいけないんですか？

いや、そういうわけじゃないんだ。申告書上で処理をするよ。リバースチャージの対価の額を課税売上げにも課税仕入れにも含めて消費税額を計算するんだ。

?

課税売上げにリバースチャージを含めて消費税納税額を計算することで、リバースチャージ分消費税額が大きくなるでしょ？それが天引き分。リバースチャージも課税仕入れで仕入税額控除できるから、課税仕入れに含める。

とすると、売上げ側と仕入れ側、同額消費税が増える？

そういうことになるね。売上げの納税と仕入税額控除の両方が生じることになる。だから、課税売上割合が95％以上の課税期間はリバースチャージはなかったものとして申告書を作成することになっているんだ。

簡易課税を選択しているときもなかったものとできますよね。

そうだね。

リバースチャージは税区分コードを選ぶ or 申告書上で対応ですけど、さっきのAmazonで電子書籍を買った場合の税区分コードは？

あれは単なる課税仕入れでOKだよ。帳簿に登録番号を書く必要があるけど。リバースチャージは**相対で国外事業者から電気通信利用役務の提供を受けた場合**か**外国人タレントの特定役務の提供**だから。

インボイス制度がスタートしたらどうなるんですか？

 リバースチャージの仕入税額控除の要件はインボイス導入後も変更がない。令和5年10月1日以降もこれまでどおり帳簿の記載のみでインボイスがなくても仕入税額控除ができるよ。

## 外国為替業務に係る役務の提供は非課税

 あと外国絡みでいうと、外国為替業務に係る役務の提供。これの消費税区分を迷う人が多いみたいなんだけど非課税になるよ。

 外国、に惑わされて不課税かな？と思ってしまうのかもしれないですね。

 ……実は為替って何かよくわかってないです

 為替は、現金を直接使わないで支払いをすることだよ。クレジットカードで支払うことだって為替。

 そうなんですね。
為替っていうとなんだか時代劇を連想してしまって。

為替が発達したのは江戸時代だっていうからね。江戸の商人が大阪の商人に代金を支払うとき、大金を持ち歩くのは物騒。そこで、両替商に為替手形を発行してもらって、それを大阪の商人に渡す。大阪の商人は両替商に行って現金と手形を交換したんだ。

その取引に「外国」が絡む？

決済通貨が自国の通貨でない場合は、通貨の交換をしなきゃいけないでしょ？ 通貨の交換を含む現金を介さない決済が外国為替だね。

その手数料を支払うと非課税仕入れになるんですね。

# 第5章

仕入れの税区分コードを
マスターする！

# 消費税の仕組み

**1**

## 多段階控除と単段階控除

仕入れの税区分コードを説明する前に、遠回りのようだけど消費税の仕組みから説明しておこう。

消費税は多段階控除といわれている。消費者が負担する消費税を事業者の段階で分けて課税をする方法だよ。

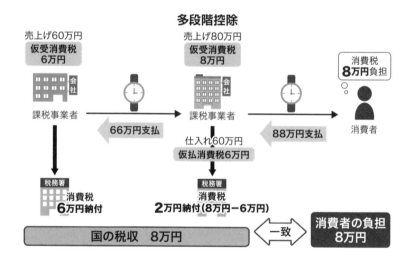

多段階控除

売上げ60万円
**仮受消費税 6万円**

会社

課税事業者

66万円支払

売上げ80万円
**仮受消費税 8万円**

会社

課税事業者

仕入れ60万円
**仮払消費税6万円**

88万円支払

消費税
**8万円**負担

消費者

税務署
消費税
**6万円納付**

税務署
消費税
**2万円納付(8万円－6万円)**

国の税収　8万円　⇦ 一致　**消費者の負担 8万円**

もし単段階控除だったら、消費者の消費税負担は8万円なのに、事業者の納税額は全部で14万円になってしまう。

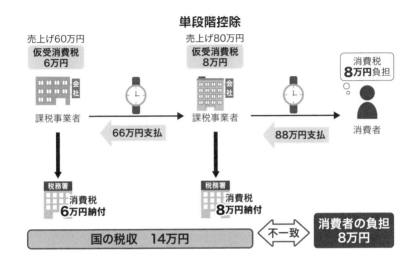

**単段階控除**

売上げ60万円
仮受消費税
6万円

会社
課税事業者

66万円支払

売上げ80万円
仮受消費税
8万円

会社
課税事業者

88万円支払

消費税
**8万円**負担

消費者

税務署
消費税
**6万円**納付

税務署
消費税
**8万円**納付

国の税収　14万円

不一致

消費者の負担
8万円

これじゃ国は取り過ぎです。

だから、前段階で課された消費税額を控除して、税の累積を防いでいるんだ。

それが仕入税額控除ですよね。

仕入税額控除がきちんとなされることで、最終消費者が負担する消費税額と各事業者が納付する税額の総和は一致する。でも、今の日本は免税事業者からの仕入れも仕入税額控除OKだから。

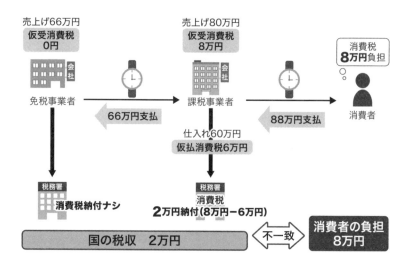

消費者の負担と国の税収が一致していませんね。

令和5年10月からインボイス制度が導入されれば、仕入税額控除ができるのはインボイスを受け取ったときだけになる。

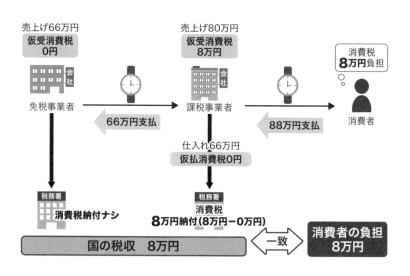

これだと、仕入税額控除をしたい事業者は免税事業者との取引を避ける。免税事業者は取引してもらえないと困るからインボイス発行事業者になるケースもあるだろうし、免税事業者は大変だ。

事業者免税点制度は小規模事業者の納税事務負担等に配慮してつくられたけれど、インボイス制度はその免税点制度を乗り越えて課税事業者を増やすことになるんだよなあ。

免税事業者って、顧問税理士がいないことも多いですよね。

だから、一番制度の影響が大きい層になかなか伝わらないんだよ。

## 飲食料品が非課税にならないワケ

全ての事業者がインボイス発行事業者になったとしても、消費者と事業者の納めた税額に不一致が生まれることがある。

あら。せっかくインボイス制度を導入するのに。
どんなときですか？

例えば、車椅子の製造販売とか。

一定の身体障害者用物品の譲渡、貸付けは非課税売上げですね。

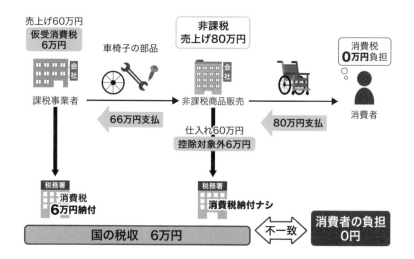

売上げ60万円
仮受消費税
6万円

車椅子の部品

非課税
売上げ80万円

消費税
0万円負担

会社

課税事業者

非課税商品販売

消費者

66万円支払

80万円支払

仕入れ60万円
控除対象外6万円

税務署
消費税
6万円納付

税務署
消費税納付ナシ

国の税収　6万円

不一致

消費者の負担
0円

非課税売上げとなるのは身体障害者用の物品となったものを売る会社だけ。その手前で、車椅子の部品を納入する会社は課税売上げになる。

非課税売上げの場合、消費税を受け取らないから税が累積しないんだ。累積しないなら仕入税額控除をする必要がない。

それはそうかもしれないですけど……
この控除対象外となった消費税はどうなるんですか？

非課税売上事業者のコストになる。病院や調剤薬局の場合、社会保険医療の給付等は非課税だから売上げのほとんどが非課税売上げ。でも、医療器材とか薬品は課税仕入れだから、全部病院などのコストになっている。それで、消費税率がアップすると保険点数の見直しをして売上げを増やすことで医療系は守られているんだ。

でも、不動産賃貸業で住居用として貸していて、消費税率が上がったからって賃貸料アップなんてできないですよね？　不動産賃貸業だって修繕のような課税仕入れがあるわけで、その消費税分は控除できずに事業者の負担となる。

なんだか、非課税売上事業者が最終消費者みたい。消費税の負担者は消費者であるはずなのに、おかしくないですか？

そうなんだよね。非課税は、事業者に負担を負わせてしまうので、本当はない方がいいんだ。誰かに負担を押し付けないためには、非課税ではなく免税、つまり０％税率にするといいんだけど、免税は消費税を取れないから国は困るんだよ。

## 輸出免税の場合

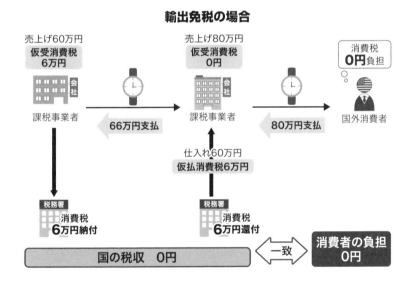

輸出免税は、国際競争力を失わないためにやっている。免税は課税ベースが狭まって税収が上がらず、消費税率の高率化につながるし、なるべく増やしたくないんだろうね。

非課税って、税収を確保できて、国民の生活に配慮してるように見えるし、国にとって都合がいいのね。

 僕、ずっと不思議だったんだ。社会政策的には真っ先に飲食料品が非課税になりそうなのに、非課税じゃないんだよね。

非課税にしないのは
飲食料品関係の事業者を守るためだろうね。

 飲食料品は生活に不可欠ですものね。
従事している人口も多いし。

 だから軽減税率なんて厄介なモノが入ってきちゃったのか。

# 2 ▶ 税区分コードを選ぶ

## 仕入れは2段階で考える

消費税法では、課税売上げに対応する課税仕入れでは、支払った消費税は控除しても、非課税売上げに対応する課税仕入れの場合、支払った消費税は控除させたくない。

課税売上げと非課税売上げの両方を上げるために支出している、共通する課税仕入れもあるでしょ？　これは、全額は控除できなくても一部は控除できるとしないとフェアじゃないよね。控除できる額を計算するために、仕入れの税区分コードがたくさんあるんだ。

 課税仕入れの税区分コードって本当にたくさんありますよね。入力のときになんだかごちゃごちゃしてわかりにくくて。

不動産賃貸業で考えてみよう。事務所用に貸している物件と、住宅用として貸している物件を2つ持っていて、賃料の集金や物件の見回り、修繕の手配なんかは不動産管理会社に依頼している会社とする。次の支出の消費税はどうなるかな？

1　両物件の火災保険料
2　事務所用物件の管理費用
3　住宅用物件の修繕費用
4　税理士への申告手数料

1は非課税仕入れです。
保険料は非課税取引の一覧にあります。

**税区分コード**

| | |
|---|---|
| TKC | 非課税仕入・同対価の返還 |
| 弥生会計 | 非課税仕入 |
| freee | 非課仕入 |
| マネーフォワード | 非仕 |

2は課税売上げに対応する課税仕入れですね。
標準税率の10%。

**税区分コード**

| | |
|---|---|
| TKC | 課税売上げにのみ要する課税仕入れ |
| 弥生会計 | 課税対応仕入 10% |
| freee | 課対仕入 10% |
| マネーフォワード | 課仕 10% |

3がたまに混乱するんですよね。非課税売上げを上げるために
課税仕入れが発生するってところ。

修繕を依頼されたリフォーム会社にとって、修繕をしたら、
その売上げは課税売上げ？　非課税売上げ？

課税売上げです。国内で、リフォーム会社が事業として行う
修繕工事に代金が支払われるので。

工事代金は非課税取引一覧にはないし、国内取引で免税対象でもない。売り上げた側が課税売上げなら、仕入れた方も課税仕入れになるんだよ。

相手側が課税売上げなのかどうかを考えればいいんですね。

この修繕の対象となったのが住宅用物件だったとする。住宅用物件の賃料収入は課税？　非課税？

非課税です。

とすると、非課税売上げを上げるための課税仕入れだよね。

| 税区分コード | |
| --- | --- |
| TKC | 非課税売上げにのみ要する課税仕入れ |
| 弥生会計 | 非課税対応仕入 10％ |
| freee | 非対仕入 10％ |
| マネーフォワード | 非 - 課仕 10％ |

まず、課税4要件に当てはまる**取引なのかを判断して、次にそれがどの売上げを上げるための支出なのかを考える**のね。両方一緒に考えるからわからなくなるんだわ。

じゃあ4は？

国内で、税理士が事業としてやっている申告代理の手数料を支払うので課税仕入れです。

ここで、税理士の手数料というのは、事業用物件の賃貸収入、住宅用の賃貸収入どちらを上げるもの？

両方です。

そうすると、課税売上げと非課税売上げに共通する課税仕入れとなるね。

| 税区分コード | |
| --- | --- |
| TKC | 課税・非課税売上げに共通する課税仕入れ |
| 弥生会計 | 共通対応仕入 10% |
| freee | 共対仕入 10% |
| マネーフォワード | 共 - 課仕 10% |

「共通する課税仕入れ」だから「共」の字がキーワードですね。

まずは課税仕入れなのかを考えて、その後、どの売上げを上げるためのものかを考える。
これも課税・非課税・不課税判定と同じで、順序が大事かも。

# 課税売上割合

課税・非課税売上げに共通する課税仕入れについて支払った消費税のうち、課税売上げに対応する分は仕入税額控除をしたい。そのとき、いくらを仕入控除税額にしていいのか。

それを計算するときに必要なのが課税売上割合だよ。課税売上割合は、課税期間中の売上全体のうちに消費税が課される売上高が何％占めていたかを表す割合。

$$課税売上割合 = \frac{課税売上高（課税取引＋免税取引）}{総売上高（課税取引＋免税取引＋非課税取引）}$$

ここでの売上高は全部、値引き、割引き、返品を控除した後の金額になる。貸倒れは控除しないよ。

対価の返還等を考慮した後の金額ですね。

# 95% ルール

事務所用賃貸収入が 1,000 万円で、住居用賃貸収入が 50 万円の会社があったとすると課税売上割合は 95％ 以上で高く、非課税売上げを上げるための課税仕入れの額も小さいはず。課税売上高が 5 億円以下、課税売上割合が 95％ 以上の場合は課税仕入れの税額の全額を控除していいとなっているよ。

いわゆる「95％ルール」ってやつですね。

全額を控除していいということは、課税売上げを上げるためか、非課税売上げを上げるためか、はたまた共通かをイチイチ考えなくていい？

そうだよ。だから僕、売上げが5億円いかない会社で、その会社の事業の売上げに非課税のものがない会社は、非課税に対応するとか共通とか分けてないよ。

ええっ！　そうだったの？

課税売上高が5億円を超えていたり、課税売上割合が95％未満の場合はそうもいかない。ここの5億円はその課税期間の課税売上げだから、売上げが5億円近い場合や、非課税売上げが増えてきている場合は気を付けないと。

はい、ギリギリの会社はちゃんと入力してます。

課税売上高が5億円で課税売上割合が95％の場合、非課税売上げは2,500万円以上になってちょっと無視できる額ではなくなってくる。課税売上割合が高くても課税売上高が大きい場合や、課税売上割合が95％を下回る場合はさっきの課税・非課税・共通を考える必要が出てくるよ。

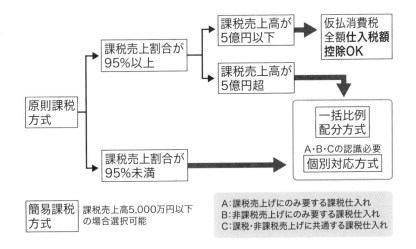

課税売上割合が95%以上 → 課税売上高が5億円以下 → 仮払消費税 全額仕入税額控除OK

課税売上割合が95%以上 → 課税売上高が5億円超

原則課税方式

課税売上割合が95%未満 →

一括比例配分方式
A・B・Cの認識必要
個別対応方式

簡易課税方式　課税売上高5,000万円以下の場合選択可能

A：課税売上げにのみ要する課税仕入れ
B：非課税売上げにのみ要する課税仕入れ
C：課税・非課税売上げに共通する課税仕入れ

# 個別対応方式と一括比例配分方式

**個別対応方式**は、課税売上げにのみ要する課税仕入れは全額控除できて、どちらにも共通する課税仕入れは課税売上割合をかけた額だけ控除できる。非課税売上げに対応する課税仕入れは全額控除できない。

**一括比例配分方式**は支払った消費税額全額に課税売上割合をかけた額が控除できる。一括比例配分方式の方が楽だなあ。

どうして？

課税仕入れの税区分は全部「課税売上げにのみ対応する課税仕入れ」を選んでしまって OK だから。課税仕入れの消費税の額全額に課税売上割合をかけちゃうんだからさ。

なるほど。課税売上高が 5 億円を超えている場合であっても、一括比例配分方式なら課税売上げのみとか共通とか分ける必要がないわけね。

個別対応方式と一括比例配分方式、この 2 つは有利な方を選べるけれど、一括比例配分方式は選択したら 2 年は継続する必要があるよ。

じゃあ、一括比例配分方式を選択した翌期は共通とかの判定はいらないんだわ♪

# 計算例で見てみよう

課税売上げと非課税売上げが両方ある会社で、管理料と税理士顧問料を支払っている。この場合の課税仕入れがどの税区分コードになるか考えてみよう。

| 内訳 | | 建物賃貸料<br>（課税売上げ） | 土地賃貸料<br>（非課税売上げ） |
|---|---|---|---|
| 売上げ | 本体価格 | 1,000,000 | 1,000,000 |
| | 仮受消費税 | 100,000 | 0 |
| 管理料 | 本体価格 | 300,000 | 200,000 |
| | 仮払消費税 | 30,000 | 20,000 |
| 税理士<br>顧問料 | 本体価格 | 100,000 | |
| | 仮払消費税 | 10,000 | |

課税売上割合50%<br>（100万／100万円<br>＋100万円）

A 課税売上げにのみ対応する課税仕入れ
B 非課税売上げにのみ対応する課税仕入れ
C 課税・非課税売上げに共通する課税仕入れ

税理士顧問料はどちらの売上げにも関係しているから、C 課税・非課税売上げに共通する課税仕入れになるよね。個別対応方式は、B 非課税売上げに対応する課税仕入れは全額ダメだから、A 課税売上げに対応する課税仕入れ全額と、C 共通する課税仕入れに課税売上割合をかけて計算した額を仕入控除税額とするんだ。

**個別対応方式の仕入控除税額**
30,000 ＋ 10,000 × 50% ＝ 35,000

一括比例配分方式は、A 課税売上げに対応する課税仕入れと B 非課税売上げに対応する課税仕入れと C 共通する課税仕入れの仮払消費税全額に課税売上割合をかけて計算した額を仕入控除税額とする。

**一括比例配分方式の仕入控除税額**
（30,000 ＋ 20,000 ＋ 10,000）× 50% ＝ 30,000

課税売上げと非課税売上げが両方ある会社は、税理士報酬の他にも本社の水道光熱費とか賃料とかいった経費は C 共通する課税仕入れになるよね。

本社の経費は共通、って丸暗記してたんですけど、本社機能は両方の売上げに貢献しているから、C の共通になるという理由なんですね。

## どんな会社にも非課税売上げはある

会社が販売している商品は全て課税売上げの会社でも、売上高が 5 億円超だと課税仕入れの全額を控除できないのはどうしてですか？

どんな会社でも非課税売上げがあるからだよ。

売上げが全て課税売上げですよ？

どんな会社でも金融機関にたいてい預金口座を持ってるよね。そうすると年に 2 回くらい利息がついてくるでしょ。それが非課税売上げなんだよ。

あれですか！　あんなちいさな、不可抗力の非課税売上げで区分しなきゃいけなくなるなんて。

ほんとだよね。

しっかり区分できない場合、一括比例配分方式で計算することになるけれど、区分ができてるなら納税額がどっちが低いかで計算方式を決めるから、期中の仕訳ではちゃんと区分を分けた方がいいよ。

## 仕入れ側は、「課税」か「課税以外か」

正直なところ、仕入れ側の税区分コードって、「課税」以外はどうでもいいじゃん、って思うことありますよ。「課税」か「課税以外か」で大丈夫なんだから、課税以外のコードは全部不課税でいいと思うんですよね。

まあそうなんだよね。売上げは課税売上割合があるからちゃんと把握したいけれど、仕入れは課税だけ抜き出した**その後が重要**で、仕入れの不課税や非課税はいらないというか。

こないだも松木さん、収入印紙の購入で、非課税仕入れか不課税か悩んでたけど、どっちの税区分コードで入れても税額に影響ないしね。

教えてもらったときはどうしてかわからなかったけれど、やっと今日わかったわ。

仕入れは「オレ」か「オレ以外か」。

何それ、ローランドの真似？　古過ぎる（笑）。

## 課税仕入れは「何の売上げを上げるための課税仕入れか」が重要

税理士事務所としては非課税、不課税もちゃんと判定したいところだけれどね。

すいません🙇

竹橋くんの言うことにも一理あって、税額計算のために一番重要なのは仕入れ側は**課税仕入れと判定したあと、何の売上げを上げるための課税仕入れなのかの判定**。さっきのリバースチャージも、本当は、税区分コードはあれだけじゃないんだ。

---

### 税区分コード

TKC
特定課税仕入れ（課税売上げにのみ要するもの）
同特定課税仕入れに係る対価の返還
特定課税仕入れ（非課税売上げにのみ要するもの）
同特定課税仕入れに係る対価の返還
特定課税仕入れ（課税・非課税売上げに共通するもの）
同特定課税仕入れに係る対価の返還

マネーフォワード
特定課仕 10%（8%）
非 - 特定課仕 10%（8%）
共 - 特定課仕 10%（8%）
特定課仕 - 返還 10%（8%）
共 - 特定課仕 - 返還 10%（8%）
非 - 特定課仕 - 返還 10%（8%）

そうですね、TKCだと特定課税仕入れが課税売上げと非課税売上げと共通と3個あって、その対価の返還3個で合計6個あります。

マネーフォワードだと「特定」とつく税区分コードが12個もありますよ。

マネーフォワードは数が多く感じるけれど、消費税率ごとにコードを用意しているから多く見えるだけだね。

消費税率は今、標準税率10%と軽減税率8%と旧税率の8%で3つあるので、18個ないとおかしくないですか？

リバースチャージは外国人タレント等の「特定役務の提供」と「電気通信利用役務の提供」の場合だから飲食料品はないでしょ。

軽減税率はいらなかったわ

こうやって課税仕入れの税区分コードはどうしても多くなってしまうんだよ。インボイスでも課税区分が追加されるだろうしね。

まだ増えるんですか

新しく税区分コードが増えるときは、それがどうやって申告書と連携するのかもしっかり押さえておかないといけないよね。

# 第6章

簡易課税をマスターする！

# 1 ▶ 簡易課税の適用要件

## ┏ 簡易課税なら事務処理負担はかなり軽減される ┓

簡易課税の計算を見ておこう。

課税売上高と業種さえ把握できれば消費税の納税額が計算できるから、簡易課税はインボイス制度で免税事業者から課税事業者になる人にはおススメですよね。

支払ったものについて、課税か非課税か不課税か、課税なら課税売上げを上げるための仕入れか、とかを考えなくて済むから楽。

インボイスの保存も必要なくなるし、
帳簿への記載も気にしなくて大丈夫だし。

こう考えると、ほんと、簡易課税って小規模事業者の救世主。

## ┏ 簡易課税制度選択届出書の提出期限 ┓

簡易課税が適用できるのは前々期にあたる基準期間の課税売上高が 5,000 万円以下の場合で、「簡易課税制度選択届出書」の提出が要件。「適用を受けようとする課税期間の初日の前日まで」、つまり前期中に提出する必要があるよ。

R4.12.31届出書提出期限

| 前々期 | | 前期 | 当期 |
| 基準期間 | | | 課税期間 |

R3.1.1　　　　　　R4.1.1　　　　　R5.1.1　　　　　R6.1.1

課税売上高
5,000万円以下

簡易課税適用

基準期間の課税売上高が 5,000 万円を超えた課税期間は原則
課税となるけれど、届出が出ている状態で、基準期間課税売上
高が 5,000 万円以下となれば必ず簡易課税適用となる。原則
課税とはならない。

基準期間の課税売上高が 5,000 万円以下かどうかがポイント
で、当期の課税売上高がいくらかは関係ないんですね。

### 簡易課税

・基準期間の課税売上高が 5,000 万円以下の場合に適用
・簡易課税制度選択届出書を提出しているなら、基準期間の課税売上
　高が 5,000 万円以下の場合、必ず簡易課税にて消費税を計算する
・原則課税になりたい場合、そのなりたい期になる前に簡易課税選
　択不適用届出書を提出する必要がある

## 令和5年10月1日の属する課税期間中に免税⇒課税になる場合

個人事業主は課税期間が 1 月 1 日から 12 月 31 日なので、
令和 5 年 10 月スタートのインボイス制度に合わせて課税事業
者になる場合で簡易課税を選択したいなら、令和 4 年中に簡易
課税選択届出書を出しておかなきゃいけないんですか？

経過措置があって、令和5年10月1日の属する課税期間中に登録を受けた免税事業者は、その課税期間中に届出書を提出すれば課税期間の初日の前日に出したものとみなされて簡易課税による申告が認められるんだよ。

## 個人事業主・12月決算法人の場合

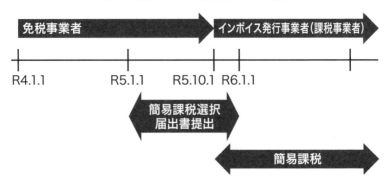

それなら、インボイス制度で免税事業者から課税事業者になる場合は、令和5年の12月に出しても令和4年12月31日に遡って出したとみなされる、ということですね。

そう。令和5年12月に提出しても令和5年の消費税の計算は簡易課税でOKなんだ。

3月決算の法人の場合、令和6年3月末日までに提出すればOK。

# 2割特例⇒簡易課税にする場合

令和5年度税制改正でさらに追加されたのが、前に説明した（P44）免税事業者がインボイス発行事業者になるなら売上税額の2割を納税額とできる2割特例を適用した場合、翌課税期間に簡易課税で計算したいときは、翌課税期間中に簡易課税選択届出書を提出すればOKとなった。

適用したい期になってからだと通常アウトなのに、インボイスが絡むと適用を受けたい課税期間の間に届出書を出せばOKになるんでしたよね。

通常、竹橋くんの言うように簡易課税制度選択届出書は適用したい課税期間の前日までに提出するルールだから、この措置だけでも大サービスだとは思うんだけど、課税期間の間に出し忘れていざ申告時になって簡易を出していなかった、という事故が起こりそうな気がするんだよね。

2割特例でいける期間であっても基準期間の課税売上高によっては2割特例不可もありうるわけで、簡易出してなかったら本則か。

インボイスが絡むとイレギュラーが多くなるから気を付けないとだわ。

**基準期間における課税売上高が
1,000万円を超える課税期間がある場合**

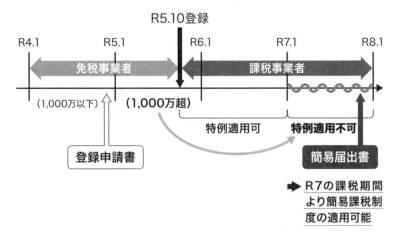

**3年間の特例期間が終了する翌課税期間において、
簡易課税制度を適用する場合**

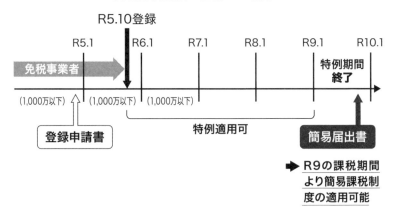

# 簡易課税の計算の仕方

## みなし仕入率

簡易課税は「みなし仕入率」を使って仕入税額控除を計算する。

| 事業区分 | みなし仕入率 |
|---|---|
| 第1種事業（卸売業） | 90% |
| 第2種事業（小売業、農業・林業・漁業（飲食料品の譲渡に係る事業に限る)) | 80% |
| 第3種事業（農業・林業・漁業（飲食料品の譲渡に係る事業を除く)、鉱業、建設業、製造業、電気業、ガス業、熱供給業及び水道業） | 70% |
| 第4種事業（第1種事業、第2種事業、第3種事業、第5種事業及び第6種事業以外の事業） | 60% |
| 第5種事業（運輸通信業、金融業及び保険業、サービス業（飲食店業に該当するものを除く)) | 50% |
| 第6種事業（不動産業） | 40% |

### 税区分コード

| | |
|---|---|
| TKC | 課税売上げ→〔事業区分〕1卸売り分　2小売り分　3製造建設　4その他　5サービス等　6不動産 |
| 弥生会計 | 課税売上簡易〇種　〇％ |
| freee | 課売上一〜六　〇％ |
| マネーフォワード | 課売〇％〇種 |

1から6の数字がキーワードかな。

簡易課税は実際にいくら仮払消費税があったかは関係ないから、課税売上げを仕訳入力するときの税区分コードをきちんと選べば消費税の計算は OK。簡単だわ。

# 簡易課税と原則課税

松木さんの言うように、課税売上高から仕入税額控除を計算するから、実際にいくら消費税を支払ったかは関係ない。そのせいで、実は簡易課税よりも原則課税の方が有利だったということもある。

## 不動産賃貸業（第6種、みなし仕入率40%）、課税売上割合 100% とする

単位：万円

|  | 税込 | 消費税 |
|---|---|---|
| 売上高 | 3,300 | 300 |
| 修繕費 | 5,500 | 500 |

原則課税　　300－500＝△200　　　　　　200万円還付
簡易課税　　300－（300×40%）＝180万円　　180万円納付

簡易課税は消費税計算の事務負担に耐えられない事業者のためのものなんだけど、現状としては原則課税と簡易課税の納税額を比較して、有利な方を選択しているし、大きな設備投資や出費がないか、課税期間がスタートする前に確認して課税方式を選んでいるね。

そうすると、シミュレーションが大事になってきますね。

インボイスで課税事業者になった場合は簡易課税を選択できる
状態なわけだから、どちらが有利か比較することになる。

簡易課税を選択すると2年間は簡易強制、というところも気を
付けないといけないですよね。

そうなんだけど、2割特例が使える間は、簡易課税と2割特例
の有利な方を選んでいいんだ。簡易課税選択不適用届出書を出
す必要はない。

え、そうなんだ！

経過措置期間中はいろいろ気をつけないといけないんですね。

# 簡易課税の計算式

たいてい、1種類の事業だけを営んでいる場合が多いから、
この計算式で計算できるよ。

$$
仕入控除税額 = \left( \begin{array}{c} 課税標準額に \\ 対する消費税額 \end{array} - \begin{array}{c} 売上げに係る対価の返還等の \\ 金額に係る消費税額 \end{array} \right)
$$

$$
\times みなし仕入率 \left\{ \begin{array}{ll} ・第1種事業 & 90\% \\ ・第2種事業 & 80\% \\ ・第3種事業 & 70\% \\ ・第4種事業 & 60\% \\ ・第5種事業 & 50\% \\ ・第6種事業 & 40\% \end{array} \right\}
$$

2種類の事業を営んでいることもあるよね。
その場合はこんな計算になる。

## 第1種事業から第6種事業までのうち
## 2種類以上の事業を営んでいる場合

### （イ）　原則法

$$仕入控除税額 = \left( \begin{array}{c} 課税標準額に \\ 対する消費税額 \end{array} - \begin{array}{c} 売上げに係る対価の返還等の \\ 金額に係る消費税額 \end{array} \right)$$

$$\times \dfrac{\begin{array}{c}第1種事\\業に係る\\消費税額\end{array}\times 90\% + \begin{array}{c}第2種事\\業に係る\\消費税額\end{array}\times 80\% + \begin{array}{c}第3種事\\業に係る\\消費税額\end{array}\times 70\% + \begin{array}{c}第4種事\\業に係る\\消費税額\end{array}\times 60\% + \begin{array}{c}第5種事\\業に係る\\消費税額\end{array}\times 50\% + \begin{array}{c}第6種事\\業に係る\\消費税額\end{array}\times 40\%}{\begin{array}{c}第1種事業に\\係る消費税額\end{array} + \begin{array}{c}第2種事業に\\係る消費税額\end{array} + \begin{array}{c}第3種事業に\\係る消費税額\end{array} + \begin{array}{c}第4種事業に\\係る消費税額\end{array} + \begin{array}{c}第5種事業に\\係る消費税額\end{array} + \begin{array}{c}第6種事業に\\係る消費税額\end{array}}$$

### （ロ）　簡便法

　次の A 及び B のいずれにも該当しない場合は、次の算式により計算しても差し支えありません。

　　A　貸倒回収額がある場合
　　B　売上対価の返還等がある場合で、各種事業に係る消費税額からそれぞれの事業の売上対価の返還等に係る消費税額を控除して控除しきれない場合

$$仕入控除税額 =$$

$$\begin{array}{c}第1種事\\業に係る\\消費税額\end{array}\times 90\% + \begin{array}{c}第2種事\\業に係る\\消費税額\end{array}\times 80\% + \begin{array}{c}第3種事\\業に係る\\消費税額\end{array}\times 70\% + \begin{array}{c}第4種事\\業に係る\\消費税額\end{array}\times 60\% + \begin{array}{c}第5種事\\業に係る\\消費税額\end{array}\times 50\% + \begin{array}{c}第6種事\\業に係る\\消費税額\end{array}\times 40\%$$

2種類以上の事業を営む場合、1種類の事業の課税売上高が全体の課税売上高の 75％以上を占める場合には、その事業のみなし仕入率を全体の課税売上げに対して適用することができるよ。

# 3 ひとつの商売が ひとつの業種とは限らない

## 「 簡単そうで意外に複雑？ 飲食店の簡易課税 」

簡易課税を選択するなら業種が何かを考えないといけないんだけど、それには国税庁のフローチャートがあるよ。

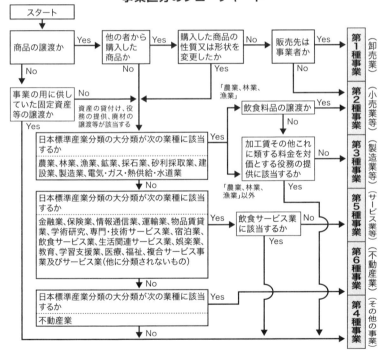

事業区分のフローチャート

（※） 飲食サービス業のうち、持ち帰り・配達飲食サービス業に該当するものについては、その業態等により第2種事業又は第3種事業に該当するものがあります。
（注）1 課税資産の譲渡等からは輸出免税等の適用により消費税が免除されるものを除きます。
（注）2 固定資産等とは、建物、建物附属設備、構築物、機械及び装置、船舶、航空機、車両及び運搬具、工具、器具及び備品、無形固定資産のほかゴルフ場利用株式等をいいます。
（注）3 令和元年10月1日以後、農業、林業又は漁業のうち、飲食料品の譲渡を行う部分は、第2種事業となります。

（出典：国税庁ホームページ）

新型コロナウイルス感染症のせいで、飲食店がこぞってテイクアウトに乗り出したけれど、簡易課税の場合、業種に気を付けないといけないんだ。フローチャートの下に（※）で書いてある部分なんだけど、次の消費者への売上げはどの業種になると思う？

① パスタやピザなどフード類の店内飲食
② パスタやピザなどフード類のテイクアウト
③ パスタやピザなどフード類の宅配

①は店内飲食なので普通にレストランの第4種ですよね。ついでに標準税率の10％。

②は店内飲食じゃなくて製造だから第3種？

そうだね、②は第3種。それで軽減税率。

③は……？　店内飲食じゃないけれど、テイクアウトじゃなくて、お店の人がわざわざ届けている？

松木さん、その違和感は大切だね。③の宅配は第4種になる。宅配は店内飲食サービスの延長線上にあると考えられるんだ。税率は軽減税率。

店内飲食サービスの延長線上で第4種なのに軽減税率？

店内飲食じゃないから軽減税率でしょ。宅配はケータリングじゃないから。でも、店内飲食設備がない宅配の場合は第3種事業になる。これも軽減税率。

うわ、ごちゃごちゃする🍃

| 店内飲食設備 | あり | なし |
|---|---|---|
| テイクアウト | 第3種・軽減税率 | 第3種・軽減税率 |
| 宅配 | 第4種・軽減税率 | 第3種・軽減税率 |
| 店内飲食 | 第4種・標準税率 | |

飲食店の消費税って複雑ですね🍃　レストランって第4種って思いこんでいました。事業が複数業種のこともあるんですね。

テイクアウトでペットボトル飲料も売ったら、それは小売りの第2種になるしね。

飲食店って大変！

建設業で塗料やしっくいを仕入れて行う塗装工事は第3種だけど、解体工事業やとび工事業のような仕入れがない業種は第4種になる。業種がひとつとは限らないから注意しないとね。

## 2種類以上の事業を区分できない場合

2種類以上の事業があっても事業ごとに区分できないこともあると思う。その場合には、一番低いみなし仕入率を適用して仕入控除税額を計算することになる。飲食店なら第4種で全部計算、ということだね。

飲食店だとみなし仕入率が第3種の方が高いから、税負担を軽減させたいならちゃんと第3種と第4種に分けないとですね。

# 簡易課税は「課税事業者となった場合の棚卸資産に係る消費税額の調整」はダメ

## 消費税に費用収益対応の原則はない

簡易課税は結構気を付けたいところがあって。簡易課税だと「課税事業者となった場合の棚卸資産に係る消費税額の調整」は受けられない。

「課税事業者となった場合の棚卸資産に係る消費税額の調整」?

消費税には、費用収益対応の原則ってないんだ。費用収益対応の原則って財務諸表論であったじゃない?

ええっと、費用収益対応の原則って、正しい期間損益計算のために今期の売上げを上げるために支出した部分を費用に入れる、ってヤツよね?

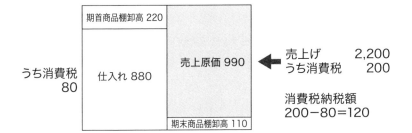

期首商品棚卸高 220

うち消費税 80

仕入れ 880

売上原価 990

期末商品棚卸高 110

売上げ　　　2,200
うち消費税　　200

消費税納税額
200-80=120

そうそれ。だからこの図の場合、売上げに対応する費用は仕入れの 880 じゃなくて売上原価の 990。でも、支払った消費税はそれを支払った期に、その期に受け取った消費税から差し引くんだよ。だから、この期に差し引ける消費税は 80 で、納付額は 120。

消費税に期間損益計算はないのね。だから、期末の棚卸の仕訳のとき、棚卸の金額が税込であっても、税区分コードは対象外とか不課税とするのね。前の仕訳を何も考えずに真似していたけれど。

```
仕入      220 ／繰越商品   220   対象外（不課税）
繰越商品   110 ／仕入      110   対象外（不課税）
```

当期に仕入れた分の消費税だけを差し引きたいから。この仕訳にまで税区分コードをつけちゃうと当期の分だけじゃなくなっちゃうからね。

## 課税事業者となった場合の棚卸資産に係る消費税額の調整

費用収益対応はさせないけれど、それだと免税事業者のときに仕入れた棚卸商品を課税事業者になった後に販売する場合、不合理が生じる。売上げには消費税が課されるのに棚卸分には仕入税額控除ができなくて消費税負担が大きくなってしまう。大げさな数字にしてみるとこんな感じ。

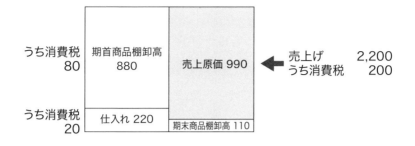

うち消費税 80
期首商品棚卸高 880
売上原価 990
売上げ 2,200
うち消費税 200

うち消費税 20
仕入れ 220
期末商品棚卸高 110

これだと、消費税の納付額は
200 − 20 = 180 になってしまいますね。

だから、免税から課税に変わるときの棚卸商品分も仕入税額控除していいよとなっているんだ。これが課税事業者となった場合の棚卸資産に係る消費税額の調整。消費税の納付額は 200 −（80+20）= 100 となる。

インボイス制度開始とともに課税事業者になる場合で棚卸資産がたくさんあってもちゃんと消費税は考慮してもらえるんですね。

それが、簡易課税だとこの課税事業者となった場合の棚卸資産に係る消費税額の調整はないんだよ。

あら、そうなんですね。
それだと、棚卸が多い場合には、原則課税の方がよさそう。

インボイス発行事業者登録日が期中の場合は、期中で棚卸しないと。経過措置期間に免税事業者から仕入れた分は８割とか５割を調整なの？　大変だな🐾

令和4年度税制改正で、免税事業者からの仕入れで経過措置の適用対象となる棚卸資産であっても、その棚卸資産に係る消費税額の全部が棚卸資産に係る消費税額の調整の対象とされたよ。

よかった。

# 5 ▶ 簡易課税を選択中に 大きな課税仕入れがある場合

## 課税期間を区切る

簡易課税を選択すると2年間は原則課税に戻れない。2年経過していても、簡易課税選択届出書を出していて簡易課税で計算している課税期間は設備投資や大規模修繕が発生しても還付は受けられない。

課税売上高だけで消費税を計算しますものね。新しい期が始まってから設備投資が決まった場合、簡易課税を選択していたら絶対に還付を受ける方法はないんですか？

課税期間を区切ればいいんじゃない？

そうだね。
簡易課税を選択して2年経過後なら、それがいいと思う。

課税期間を区切る？

# 消費税は事業年度ではなく課税期間で考える

原則として、課税期間は個人事業主なら1月から12月までの「暦年」、法人なら「事業年度」となっているけれど、「課税期間特例選択・変更届出書」を提出すると課税期間を3か月ごと、1か月ごとに短縮することができるんだ。

課税期間が3か月ごと、1か月ごとになる？

3か月ごと、1か月ごとに消費税を計算して申告納税するんだよ。3か月ごと、1か月ごとに申告なんて大変だから、輸出業者くらいしかやらないんだけど。

輸出業者？

輸出がメインの売上げなら還付が受けられるじゃない（第4章参照）？ 課税期間を区切ることで早く還付が受けられるから資金繰りの関係で好んで使うことがあるよ。

課税期間を区切ることで、簡易課税を選択している状態で事業年度がスタートしてしまったとしても、簡易課税を選択して2年を過ぎていれば区切ったあとは原則課税になることができる。

簡易課税制度を選択しているけれど、簡易課税をやめようとする場合、その課税期間の初日の前日までに、「簡易課税制度選択不適用届出書」を提出。課税期間を区切って、新しい課税期間が始まる前までに届出を出すんですよね。

消費税は事業年度じゃなくて課税期間で考えるのね。

課税期間＝事業年度（例えば4月から3月の会社の場合）
届出を提出して3か月ごとにすると、
課税期間　4月から6月、7月から9月、10月から12月、1月から3月

課税期間を区切って簡易課税をやめれば、原則課税になって消費税の還付が受けられるってワケ。

なるほど。

## 課税期間を区切るときの注意点

課税期間特例選択・変更届出書の効力は、提出する期間の次の期間から発生するよ。あと、出したら2年続けなくちゃいけない。もちろん、申告回数が増えれば負担だし、税理士事務所への手数料も発生するけれど、還付額が大きいならやった方がいいよね。

# 6 ▶ 原則3年縛り

## 簡易から原則へ　行きはヨイヨイ帰りは怖い

じゃあ、3か月に区切って原則課税で還付を受けたら、次の課税期間にまた簡易課税に戻ることもできるのかしら？

簡易課税制度選択不適用届出書
課税期間特例選択・変更届出書

| 事業年度 | | | | 事業年度 | | | |
|---|---|---|---|---|---|---|---|
| 課税期間 | 課税期間 | 課税期間 | 課税期間 | 課税期間 | 課税期間 | 課税期間 | 課税期間 |

設備投資
大規模修繕

簡易課税OK？

簡易課税制度選択届出書出せる？

あ、大規模修繕なら簡易課税に戻れるけど、調整対象固定資産や高額特定資産を購入した場合は気を付けないと。

## 調整対象固定資産と高額特定資産

調整対象固定資産ってなんだったかしら🐾

棚卸資産以外の資産で、税抜き100万円以上のものだよ。建物とか機械とか車とか。

高額特定資産は？

「高額特定資産」は、税抜き1,000万円以上の棚卸資産と調整対象固定資産だよ。

そうだったわ💧 高額だから1,000万円、そのまんまのネーミングなのよね。高額特定資産は棚卸資産を含むのね。

調整対象固定資産や高額特定資産を買ったら、買った課税期間の初日から3年間は簡易課税になれないことがあるんだよ。修繕ならいいんだけど。

設備投資だとダメなのね。

**調整対象固定資産は課税事業者選択届出書を提出していたりして課税事業者であることが強制される期間に取得すると、3年は原則課税に固定されて簡易課税に戻れない。**

## 3年間簡易課税が選択できないケース：調整対象固定資産

　以下の①から③のいずれかに該当する課税事業者が調整対象固定資産の仕入れを行い原則課税にて申告する場合

① 　課税事業者を選択し2年未経過の強制課税事業者期間の事業者
② 　新設法人（基準期間がない事業年度の開始の日における資本金が1,000万円以上である法人）
③ 　特定新規設立法人（基準期間がない事業年度の開始の日における資本金が1,000万円未満の新規設立法人で、その法人の株式等の50%超を保有する者の新規設立法人の基準期間に相当する期間の課税売上高が5億円超の法人）

高額特定資産だと、課税事業者であることが強制されていない期間でも取得すると3年は原則課税に固定されて簡易課税に戻れないんだ。

## 3年間簡易課税を選択できないケース：高額特定資産

　以下の①又は②に該当する課税事業者が原則課税にて申告する場合

① 　課税事業者が高額特定資産の仕入れをした場合

② 　高額特定資産について、課税事業者となった場合の棚卸資産に係る消費税額の調整の適用を受けた場合

# 課税売上割合が変わると

 どうして調整対象固定資産や高額特定資産を取得すると３年間は簡易課税に戻れないのかしら？

 課税仕入れに係る消費税額は原則として仕入時の課税期間に控除するけれど、**固定資産は長期間にわたって使用されるもの。仕入時の状況のみで税額控除を完結させると、翌課税期間の課税売上割合が著しく変動した場合、課税の公平を損なうことがある。**

 ？

 何らかの理由で課税売上割合が変動すると、消費税額ってこんなに変わるんだよ。

課税売上割合100%とする　　　　　　　　　　　　　　　　　単位：万円

|  | 税込 | 消費税 |
|---|---|---|
| 課税売上げ | 3,300 | 300 |
| 課税仕入れ | 5,500 | 500 |

納税額　　　　300−500＝△200

課税売上割合50%とする。一括比例配分方式　　　　　　　　　単位：万円

|  | 税込 | 消費税 |
|---|---|---|
| 課税売上げ | 3,300 | 300 |
| 課税仕入れ | 5,500 | 500 |

納税額　　　　300−（500×50%）＝50

課税売上割合が高いと還付になってる。たまたま、建物とかを購入して課税仕入れが大きい期に課税売上割合が高くて、ふだんの期は低かったら得したってことになりますね。

故意に購入した課税期間だけ課税売上割合を高くしていたら？

還付額が大きくなりますよね。それはちょっとズルいかも。

## ３年目の調整計算

故意じゃなくても、課税売上割合の変動があるかもしれない。そこで、３年間は原則課税事業者でいさせて、３年目の調整計算に持ち込むために、すぐには簡易課税になれないようにしてるんだ。

３年目の調整計算？

調整対象固定資産を購入して３年目に、３年間の通算課税売上割合※で、購入した年の仕入控除税額を計算し直すんだよ。

※ 通算課税売上割合…仕入等の課税期間の初日から第３年度の課税期間の末日までの期間を一つの課税期間であると仮定した場合の課税売上割合

## 通算課税売上割合が著しく増加した場合

通算課税売上割合が仕入課税期間の課税売上割合に対して著しく増加した場合には、次の金額（加算金額）を第3年度の課税期間の仕入控除税額に加算します。

$$\text{加算金額} = \left[\text{調整対象基準税額} \times \text{通算課税売上割合}\right] - \left[\text{調整対象基準税額} \times \text{仕入課税期間の課税売上割合}\right]$$

（注1）　著しく増加した場合とは、次のいずれにも該当する場合をいいます。

（イ）　$\dfrac{\text{通算課税売上割合} - \text{仕入課税期間の課税売上割合}}{\text{仕入課税期間の課税売上割合}} \geqq \dfrac{50}{100}$

（ロ）　$\text{通算課税売上割合} - \text{仕入課税期間の課税売上割合} \geqq \dfrac{5}{100}$

（注2）　調整対象基準税額とは、第3年度の課税期間の末日に保有している調整対象固定資産の課税仕入れ等の消費税額をいいます。

## 通算課税売上割合が著しく減少した場合

通算課税売上割合が仕入課税期間の課税売上割合に対して著しく減少した場合には、次の金額（減算金額）を第3年度の課税期間の仕入控除税額から控除します。

$$\text{減算金額} = \left[\text{調整対象基準税額} \times \text{仕入課税期間の課税売上割合}\right] - \left[\text{調整対象基準税額} \times \text{通算課税売上割合}\right]$$

（注）　著しく減少した場合とは、次のいずれにも該当する場合をいいます。

（イ）　$\dfrac{\text{仕入課税期間の課税売上割合} - \text{通算課税売上割合}}{\text{仕入課税期間の課税売上割合}} \geqq \dfrac{50}{100}$

（ロ）　$\text{仕入課税期間の課税売上割合} - \text{通算課税売上割合} \geqq \dfrac{5}{100}$

購入した期の課税仕入れは調整対象固定資産のみで仕入税額控除は 500 万円だったけど、3 年目に通算課税売上割合で計算したら仕入税額控除は 250 万円とすると、差額 250 万円を 3 年目の仕入税額控除から差し引く。

### 購入した課税期間

課税売上割合 100% とする。一括比例配分方式　　　　　　　　　単位：万円

|  | 税込 | 消費税 |
|---|---|---|
| 課税売上げ | 3,300 | 300 |
| 課税仕入れ | 5,500 | 500 |

納税額　　　　　300－500＝△200

### 購入した期から3年目

課税売上割合、通算課税売上割合ともに50% とする。一括比例配分方式

単位：万円

|  | 税込 | 消費税 |
|---|---|---|
| 課税売上げ | 3,300 | 300 |
| 課税仕入れ | 1,100 | 100 |

納税額　　　　　300－((100×50%)－250＊)＝500
　　　　　　　　＊500×100%－500×50%＝250

3 年目の仕入税額控除は 100 万円× 50% ＝ 50 万円のところに調整が入ると、納税額が 500 万円に増えますね。

昔、大きな設備投資をするときに原則課税を選択して、翌年には簡易課税を選択することができたから、課税売上割合を故意に高くして還付を受けて、この 3 年目の調整を受けずに還付をもらい逃げする租税回避スキームが流行ったんだよ。それで 3 年間原則課税に縛り付けられることになった。俗にいう 3 年縛りだね。

# 比例配分法

3年目の調整計算が必要になるのは、調整対象固定資産の仕入時に比例配分法で計算した場合。

比例配分法で計算した場合で、課税売上割合が、調整対象固定資産を取得した日の属する課税期間以後3年間の通算課税売上割合と比較して著しく増加又は減少したときは、第3年度の課税期間において仕入控除税額の調整計算を行う必要があるとされているよ。

比例配分法？

「比例配分法」は、個別対応方式において課税売上げ・非課税売上げに共通する課税仕入れに対して課税売上割合を乗じて仕入控除税額を計算する方法と、一括比例配分方式により仕入控除税額を計算する方法のことだよ。

比例って入っているので比例配分法と聞くと一括比例配分方式を思い浮かべてしまいますけど、3年目の調整計算が必要なのは一括比例配分方式だけじゃないんですね。

そうなんだ。課税期間中の課税売上高が5億円以下、かつ、課税売上割合が95％以上で全額控除が可能なケースも含むよ。

原則課税のときに大きなモノを買ったら気を付けないといけないのね。

# 高額特定資産が棚卸資産の調整の適用を受けた場合

## 3年間簡易課税を選択できないケース：高額特定資産

以下の①又は②に該当する課税事業者が原則課税にて申告する場合

① 課税事業者が高額特定資産の仕入れをした場合
② 高額特定資産について、課税事業者となった場合の棚卸資産に係る消費税額の調整の適用を受けた場合

 高額特定資産のところの①は強制課税事業者が調整対象固定資産を購入したときに簡易課税を選択できなくなるのと理由は同じですよね？

 そうだね。仕入時の状況のみで税額控除を完結させないよう、3年目の調整を受けさせるために簡易課税を選択できなくしているね。

 3年目の調整対象となるのは調整対象固定資産。調整対象固定資産に棚卸資産は含まないんですよね。

 ということは、②は高額特定資産が棚卸資産の場合なので、調整対象固定資産ではない。すると、3年目の調整対象ではないですよね？

 棚卸資産は売って利益を上げるもので長期保有を前提としていない。仕入時に税額控除を完結させるから調整対象固定資産にはならないね。

３年目の調整がいらないのに、わざわざ②で簡易課税を選択できなくしているのはなぜですか？

 免税から課税事業者になって棚卸資産の調整を受けた翌年に簡易課税を選択して、その調整の対象となった棚卸資産を売り上げたとする。簡易課税の仕入税額控除はどうやって計算した？

 簡易課税は課税売上高から仕入税額控除を計算します。

 そうすると、免税事業者から課税事業者になった年に棚卸資産の仕入税額控除を受けたにもかかわらず、翌年に簡易課税でその棚卸資産を売り上げたら？

 二重で仕入税額控除をしていることになってしまいますね！
納得！　原則課税から簡易課税になるって落とし穴がたくさんありますね🥲

 簡易課税から原則課税、そこから簡易課税は、
行きはヨイヨイ帰りは怖いんだよ～。

## 簡易課税制度選択届出書

第９号様式

### 消費税簡易課税制度選択届出書

| 収受印 | | | |
|---|---|---|---|
| 令和　年　月　日 | 届出者 | （フリガナ） | |
| | | 納　税　地 | （〒　　　－　　　）<br>（電話番号　　－　　－　　） |
| | | （フリガナ） | |
| | | 氏　名　又　は<br>名　称　及　び<br>代表者氏名 | |
| 税務署長殿 | | 法　人　番　号 | ※個人の方は個人番号の記載は不要です。 |

下記のとおり、消費税法第37条第１項に規定する簡易課税制度の適用を受けたいので、届出します。

☐ 消費税法施行令等の一部を改正する政令（平成30年政令第135号）附則第18条の規定により
消費税法第37条第１項に規定する簡易課税制度の適用を受けたいので、届出します。

| ① | 適用開始課税期間 | 自　令和　　年　　月　　日 | 至　令和　　年　　月　　日 |
|---|---|---|---|
| ② | ①の基準期間 | 自　令和　　年　　月　　日 | 至　令和　　年　　月　　日 |
| ③ | ②の課税売上高 | | 円 |

| 事　業　内　容　等 | （事業の内容） | （事業区分）<br>第　　種事業 |
|---|---|---|

| 提出要件の確認 | 次のイ、ロ又はハの場合に該当する<br>（「はい」の場合のみ、イ、ロ又はハの項目を記載してください。） | はい ☐　　いいえ ☐ | |
|---|---|---|---|
| | イ | 消費税法第9条第4項の規定により課税事業者を選択している場合 | 課税事業者となった日 | 令和　年　月　日 |
| | | | 課税事業者となった日から2年を経過する日までの間に開始した各課税期間中に調整対象固定資産の課税仕入れ等を行っていない | はい ☐ |
| | ロ | 消費税法第12条の2第1項に規定する「新設法人」又は同法第12条の3第1項に規定する「特定新規設立法人」に該当する（該当していた）場合 | 設立年月日 | 令和　年　月　日 |
| | | | 基準期間がない事業年度に含まれる各課税期間中に調整対象固定資産の課税仕入れ等を行っていない | はい ☐ |
| | ハ | 消費税法第12条の4第1項に規定する「高額特定資産の仕入れ等」を行っている場合（同条第2項の規定の適用を受ける場合）<br><br>仕入れ等を行った資産が高額特定資産に該当する場合はこの欄を、自己建設高額特定資産に該当する場合はBの欄をそれぞれ記載してください。 | A | 仕入れ等を行った課税期間の初日 | 令和　年　月　日 |
| | | | | この届出による①の「適用開始課税期間」は、高額特定資産の仕入れ等を行った課税期間の初日から、同日以後3年を経過する日の属する課税期間までの各課税期間に該当しない | はい ☐ |
| | | | B | 仕入れ等を行った課税期間の初日 | ○平成<br>○令和　年　月　日 |
| | | | | 建設等が完了した課税期間の初日 | 令和　年　月　日 |
| | | | | この届出による①の「適用開始課税期間」は、自己建設高額特定資産の建設等に要した仕入れ等に係る支払対価の額の累計額が1千万円以上となった課税期間の初日から、自己建設高額特定資産の建設等が完了した課税期間の初日以後3年を経過する日の属する課税期間までの各課税期間に該当しない | はい ☐ |

※　消費税法第12条の4第2項の規定による場合は、ハの項目を次のとおり記載してください。
１「自己建設高額特定資産」を「調整対象自己建設高額資産」と読み替える。
２「仕入れ等を行った」は、「消費税法第36条第1項又は第3項の規定の適用を受けた」と、「自己建設高額特定資産の建設等に要した仕入れ等に係る支払対価の額の累計額が1千万円以上となった」は、「調整対象自己建設高額資産について消費税法第36条第1項又は第3項の規定の適用を受けた」と読み替える。

※　この届出書を提出した課税期間が、上記イ、ロ又はハに記載の各課税期間である場合、この届出書提出後、届出を行った課税期間中に調整対象固定資産の課税仕入れ等又は高額特定資産の仕入れ等を行うと、原則としてこの届出書の提出はなかったものとみなされます。詳しくは、裏面をご確認ください。

| 参　考　事　項 | |
|---|---|
| 税　理　士　署　名 | （電話番号　　－　　－　　） |

| ※税務署処理欄 | 整理番号 | | 部門番号 | | | |
|---|---|---|---|---|---|---|
| | 届出年月日 | 年　月　日 | 入力処理 | 年　月　日 | 台帳整理 | 年　月　日 |
| | 通信日付印<br>年　月　日 | 確認 | 番号<br>確認 | | | |

注意　１．裏面の記載要領等に留意の上、記載してください。
　　　２．税務署処理欄は、記載しないでください。

ここまで理解すれば
「簡易課税制度選択届出書」が書けるようになるよ。

免税事業者が課税事業者になって同時に簡易課税を選択する場合は、「提出要件の確認」の一番上のいいえにチェックするだけなんだけど、そうじゃない場合はイ、ロ、ハに該当するか確認しなきゃいけないよ。

## 提出要件の確認 イ

イの「消費税法第9条第4項の規定により課税事業者を選択している場合」というのは、消費税の納税義務がない事業者が課税事業者選択届出書を提出して課税事業者となっている状態のことだよ。イに該当するなら課税事業者となった日を記入。

課税事業者を選択したら2年間は強制課税事業者でしたよね。

その2年間に調整対象固定資産を購入していないなら「はい」にチェック。

## 提出要件の確認 ロ

「消費税法第12条の2第1項に規定する『新設法人』」は、設立したばかりで基準期間のない、事業年度開始の日における資本金の額又は出資の金額が1,000万円以上である法人のこと。

「同法第12条の３第１項に規定する『特定新規設立法人』に該当する（該当していた）場合」というのは、資本金の額又は出資の金額が1,000万円未満の新設立法人が株の50％超を他の者に保有されているような場合で、かつ、株を保有する者の新規設立法人の基準期間に相当する期間の課税売上高が５億円を超える場合のこと。

難しいですね🎵

子会社を思い浮かべればわかりやすいんじゃない？
で、その親会社の課税売上高が５億円を超えていたら口に該当。

ロに該当する（していた）なら設立年月日を記入。基準期間がない事業年度に含まれる各課税期間中に調整対象固定資産を購入していないなら「はい」にチェック。

## 提出要件の確認 ハ

「消費税法第12条の４第１項に規定する『高額特定資産の仕入れ等』を行っている場合」というのが原則課税の間に高額特定資産を購入した場合のこと。

「（同条第２項の規定の適用を受ける場合）」というのが、高額特定資産が棚卸資産で、棚卸の調整を受けた場合のこと。

上２つに当てはまる場合、ハのＡ仕入れ等を行った課税期間の初日を記入。

ハのA「この届出による①の『適用開始課税期間』は、高額特定資産の仕入れ等を行った課税期間の初日から、同日以後3年を経過する日の属する課税期間までの各課税期間に該当しない」というのは、この届出の効力が発現する前3課税期間の間に上2つに当てはまらないということ。当てはまらないなら「はい」にチェック。

自己建設というのは自社で資産を作った場合のことであまりないケースだから省略するとして、「提出要件の確認」の一番下の意味がよくわからないという人が多いんだけど。

※　この届出書を提出した課税期間が、上記イ、ロ又はハに記載の各課税期間である場合、この届出書提出後、届出を行った課税期間中に調整対象固定資産の課税仕入れ等又は高額特定資産の仕入れ等を行うと、原則としてこの届出書の提出はなかったものとみなされます。詳しくは、裏面をご確認ください。

この記載の意味は、イでいうと、課税事業者を選択して2年が経とうとするn＋3期にこの簡易課税制度選択届出書を提出して、n＋3期中に調整対象固定資産を購入することをいっているよ。

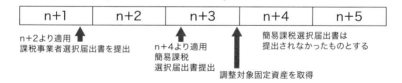

n＋4期から簡易課税の適用を受けたくて届出を提出しても、n＋3期は強制課税事業者だから、ここで調整対象固定資産を取得してしまうと届出は提出されなかったものとなってしまうんだ。

届出を出した後にうっかり調整対象固定資産を取得してたら3年目の調整を受けさせるために以降3年間原則課税となってしまう。この簡易課税制度選択届出書の効力はありませんよ、といっているんですね。

簡易になりたいなら事業で使いたくても車も買うなってことか💦

100万円以下の車にしないと。軽の中古なら買えるかしら💦

## 課税事業者選択届出書を提出していない場合

インボイス制度で令和5年10月1日の属する期に免税事業者から課税事業者になる場合、同時に簡易課税を選択するなら何も問題ないんですよね。

そうだね、簡易課税の適用が制限されるのは原則課税から簡易課税に移行するときだからね。

令和11年9月30日の属する課税期間までに免税事業者からインボイス発行事業者になる場合には「課税事業者選択届出書」を提出しなくてOKでしたよね。「提出要件の確認」のイは、インボイス制度でこの期間中に課税事業者となる事業者は当てはまらないことになります？

課税事業者選択届出書を提出していないから、当てはまらないことになるよね。

そうすると、例えば個人事業主だったら令和5年10月から12月の間に原則課税で設備投資をして、令和6年から簡易課税選択が可能？

購入した資産が高額特定資産じゃなければそうなるね。

令和11年9月30日の属する課税期間を過ぎてからインボイス発行事業者になる場合は課税事業者選択届出書を提出するから、原則課税で調整対象固定資産を購入したら、3年間は簡易課税になれないんですよね？　なんか変な感じ。

そうなるね。

じゃあ、令和5年10月1日の属する課税期間にインボイスで免税事業者から課税事業者になるなら、令和5年中は原則課税で設備投資して、令和6年からは2割特例か簡易課税にしよう。

棚卸の調整も受けられるし、いきなり簡易よりも有利になるケースもありそうね。

# 第7章

改正は続くよ、どこまでも

いやしかし、簡単なはずの簡易課税が
めっちゃ大変なことになってるね。

竹橋くんは消費税法合格してて知識があるから付け足せばいい
だけだもの、羨ましいわ。私は全部新しいことばかりで

そんな松木さんには申し訳ないんだけれど、今までの流れで説
明していないのが最近改正された居住用賃貸建物。

# 居住用賃貸建物

高額特定資産で居住用賃貸建物の場合、
まったく仕入税額控除が認められなくなったんだ。

居住用賃貸建物？　なんだったっけ

令和2年度改正だから、竹橋くんの受験時代にこの規定はな
かったね。居住用賃貸建物は、住宅の貸付けの用に供しないこ
とが明らかな建物以外の建物で高額特定資産又は調整対象自己
建設高額資産に該当するもの。

住宅の貸付けの用に供しないことが明らかな建物以外の建物？

また随分と回りくどい表現だなあ。

「住宅の貸付けの用に供しないことが明らかな建物」とは、建物の構造及び設備等の状況により住宅の貸付けの用に供しないことが客観的に明らかなもの。例えばこんなものが該当するよ。

**住宅の貸付けの用に供しないことが明らかな建物**

⑴　建物の全てが店舗等の事業用施設である建物
⑵　旅館又はホテルなど旅館業に係る施設の貸付けに供することが明らかな建物
⑶　棚卸資産として取得した建物であって、所有している間、住宅の貸付けの用に供しないことが明らかなもの

これら以外の建物が居住用賃貸建物。ホテルや旅館、販売用新築マンションなどは建物の構造上では人が住むことができる施設だけど、居住用賃貸建物に該当しないことになるね。

設備をどう使うか、を考えるのね。

居住用賃貸建物を取得した時点では仕入税額控除そのものを認めずに、取得から3年の調整期間内に譲渡した場合や課税賃貸に転用した場合は、貸付けの対価及び譲渡の対価の額を基礎として3年目の課税期間に仕入控除税額が調整されることになったんだ。

今までの逆、ってことですね。これからはお客さんがアパートを建てても還付受けられませんで楽だな。

困ってしまうのが不動産会社。中古賃貸マンションを棚卸資産として購入する場合、転売までの間、賃借人が住んでいて居住用賃貸建物に該当してしまい、購入時には仕入税額控除の対象とならない。調整期間内に譲渡した場合は調整計算が入るけれど、調整期間内に譲渡できなかった場合は仕入控除税額の調整もない。

わ、それは痛いな。

高額特定資産が一部住宅貸付用、
一部事務所や店舗用である場合はどうなるんですか？

居住用賃貸建物に該当すると考えるんだけど、合理的な基準により区分した場合、事務所や店舗用部分の仕入税額控除は認められる。

区分した結果、住宅貸付用部分の価額が 1,000 万円未満となった場合、高額特定資産じゃなくなりませんか？
そしたら仕入税額控除 OK になるのかな？

区分して 1,000 万円未満となっても、住宅貸付用部分について仕入税額控除は認められないよ。

やっぱり♪　とうとう居住用賃貸物件還付スキームは完全に封じられることになりましたね。居住用賃貸建物って税区分コードはどうなってるんだろう？

いくつかシステムを見たけれど、税区分コードは作られていないみたいだね。申告書作成システムで対応しているみたいだよ。だから、期中の入力は普通に非課税売上げに対応する課税仕入れになる。

てことは、申告前のシミュレーションの時とかは気を付けない
といけないですね。忘れて一括比例配分方式で計算して税額を
間違えたら大変。あれ？居住用賃貸建物の仮払消費税が控除対
象外ってどう処理するんだろう？

## 控除対象外消費税額等

法人税法上、控除対象外消費税額等は資産ではないものに係る
ものであればその期の損金扱いだけど、居住用賃貸建物の場合
は資産に係る控除対象外消費税額等だから、気を付けないとい
けないよ。処理方法は3つあるんだけど。

(1)　その資産の取得価額に算入し、以後の事業年度に償却費などと
　　して損金算入する方法
(2)　下記の①から③のいずれかに該当する場合に、その事業年度の
　　損金に算入する方法（損金経理が要件）
　　①　その事業年度の課税売上割合が80％以上であること。
　　②　棚卸資産に係る控除対象外消費税額等であること。
　　③　一の資産に係る控除対象外消費税額等が20万円未満である
　　　こと。
(3)　(1)(2)のいずれにも該当しない場合は、「繰延消費税額等」として
　　資産計上したうえで、「繰延消費税額等÷60×事業年度の月数」
　　で計算した金額の範囲内で損金算入する方法（資産を取得した事
　　業年度は、上記算式で計算した金額の2分の1相当額まで）

(1)は避けたいな、居住用賃貸建物なんて、新築だったら償却期
間は何十年にもなっちゃう。

そうよね。(2)も、アパート経営を前提と考えると②は消える。金額も大きいだろうから③も該当するとは考えにくい。他に課税売上げがたくさんあれば①でいけるけど。

(3)の 60 で償却が多いかもね。

# 複雑すぎる消費税

消費税、複雑すぎる。

僕も、そう思うよ。日本税理士会連合会と税制審議会が連名で出した答申にはこんな記載があったよ。

> わが国に消費税制度が導入されてから 30 年以上が経過したが、実務の観点からはさまざまな問題が生じており、とりわけ届出書等の提出を巡って多くのトラブルが絶えないのが現状である。この問題は、現行の消費税制が過度に複雑化していることに基因していると考えられる。
> ⋮
> しかしながら、現行の消費税制は、およそ簡素な税制であるとは言いがたく、事業者に多大な事務負担を課しているのが実状である。
> ⋮
> 消費税制の導入以後の制度改正の沿革をみると、いわゆる「益税」に対する批判とその規制的な措置は数多く講じられてきたが、制度の複雑さを基因とした手続の錯誤から生じる多額の「損税」に対する救済的措置は講じられず、その実態はほとんど放置されてきたといえる。
>
> （出典：日本税理士会連合会・税制審議会「消費税制における手続規定の簡素化について」
> －令和2年度諮問に対する答申－）

日税連も消費税が複雑すぎるって言ってる。

租税回避や益税をつぶすために新しい規定がどんどん増えて、間違えろと言わんばかりだもの。

軽減税率が入ってきて、飲食店の仕訳のめんどくさいことといったら。たまたま食材がなくて、ちょっとスーパーに走ったときにビニール袋を忘れたら、食材は8％なのにビニール袋は10％なんだよ。たったの4円や5円をいちいち10％で入力するってどうなの？

確かに（笑）。

インボイス制度の導入で、課税事業者が増えるんでしょ？
ほんとにみんながこんなに難しくてめんどくさいことを正しく処理できるのかな？

請求書も会社によって様式が違って、読むのも大変。
間違っても気付かないこともあるわよね。

# Peppol ってなんだろう

電子データで請求書を受け取って、それをそのまま会計システムに取り込めれば間違うことはない。デジタル庁は、JP PINTの普及、定着を目指している。

JP PINT？

日本のデジタルインボイスの標準仕様のことだよ。これは Peppol をベースとしているんだ。

ペポル？　プペルなら観たけれど。

プペルは映画でしょ。

Peppol は欧州で作られたもので、請求書（インボイス）などの電子文書をネットワーク上でやり取りするための「文書仕様」「運用ルール」「ネットワーク」のグローバルな標準仕様のこと。これを利用して送り手が送り手側のアクセスポイントに文書を送ると、そこから受け手側のアクセスポイントを介して文書が届くんだ。

？

メールと同じだよ。送り手が Outlook で受け手が gmail を使っていても、インターネットプロバイダを介すことでメールのやりとりができるでしょ。デジタルインボイスの送り手と受け手で違うシステムを利用していても、アクセスポイントを介することで、電子取引が可能になる。

じゃあ、違う請求システムや会計システムを使っていてもペポルを使うことができるんですね。

日本だと JP PINT に対応しているシステムなら、ね。

PDF で送られてきた請求書を目で見て仕訳入力するよりデータ連携の方がはるかに正確だし、速くなりますよね。

システム会社からの情報発信は要チェックですね。

あとは自分が知識を身につけなきゃ。
次の受験科目は消費税法にします！

そうか、法人税法は合格したものね。
今や消費税の税収は法人税や所得税を抜いている。
大事な税法だからいいチョイスだと思うよ。

僕は知識のアップデートに努めなくちゃ💪

今回は税区分の説明をしたかったから、インボイスについての説明が制度的な部分にとどまってしまっているので、ぜひ「インボイスの気になる点がサクッとわかる本」も読んでみてね。

## 著者紹介 ▶▶▶

**高山　弥生**（たかやま　やよい）

　税理士。ベンチャーサポート相続税理士法人所属。1976年埼玉県出身。

　一般企業に就職後、税理士事務所に転職。顧客に資産家を多く持つ事務所であったため、所得税と法人税の違いを強く意識。「顧客にとって税目はない」をモットーに、専門用語をなるべく使わない、わかりやすいホンネトークが好評。

　自身が税理士事務所に入所したてのころに知識不足で苦しんだ経験から、にほんブログ村の税理士枠で常にランキング上位にある人気ブログ『3分でわかる！会計事務所スタッフ必読ブログ』を執筆している。

　著書に『税理士事務所に入って3年以内に読む本』『税理士事務所スタッフが社長と話せるようになる本』『税理士事務所スタッフは見た！　ある資産家の相続』『個人事業と法人　どっちがいいか考えてみた』『フリーランスの私、初めて確定申告してみた』『インボイスの気になる点がサクッとわかる本』『とりあえず法人税申告書が作れるようになる本』（税務研究会出版局）がある。

『3分でわかる！会計事務所スタッフ必読ブログ』
はこちらから▶

## 〈改訂版〉消費税＆インボイスがざっくりわかる本

| 令和5年4月15日 | 改訂版第1刷印刷 | （著者承認検印省略） |
| 令和5年4月25日 | 改訂版第1刷発行 | |

Ⓒ著者　　　　高 山 弥 生

発行所　　　　税 務 研 究 会 出 版 局

週刊「税務通信」「経営財務」発行所

代表者　　　　山 根　　毅

〒100-0005
東京都千代田区丸の内1-8-2　鉄鋼ビルディング

https://www.zeiken.co.jp

乱丁・落丁の場合は、お取替え致します。

イラスト　夏乃まつり
印刷・製本　テックプランニング株式会社

ISBN978-4-7931-2742-7

# 消費税関係

《2023年3月1日現在》

## 〔十一訂版〕実務家のための
## 消費税実例回答集

木村 剛志・中村 茂幸 編／A5判／1136頁

定価 8,250 円

実務に役立つ事例を吟味して掲載し、消費税導入に直接携わった編者が的確な回答を行っています。今回の改訂では、前版発行後の平成27年4月以降の改正を織り込み、また、居住用賃貸建物の仕入税額控除や非居住者に対する委託販売等の輸出免税の問題、簡易課税の事業区分に関するものなど、新規事例を約40問追加し、全686問を収録。 2022年6月刊行

## 〔八訂版〕勘定科目別の事例による
## 消費税の課否判定と仕訳処理

上杉 秀文 著／A5判／808頁

定価 5,280 円

勘定科目別に選定した事例を基に仕訳処理を示し、関連する法人税、所得税等の取扱いも含めてわかりやすく解説。今回の改訂では、居住用賃貸建物に係る仕入税額控除不適用の取扱い、インボイス制度の導入に伴う80％控除等の経過措置の取扱い等、新たな事例を18追加し、総数872事例を収録。 2022年6月刊行

## 租税争訟からみる
## 消費税の判断ポイント

杉村 博司 著／A5判／248頁

定価 2,750 円

元国税訟務官であり、長年消費税の現場に携わってきた著者が、消費税に関する裁判例・裁決例の中から具体的な45の事例を取り上げ、課税関係の判断基準を中心に解説。判決要旨を紹介し、事実関係等を明らかにした上で、その判決や裁決の決め手になった論点、ひいては消費税の課否関係において迷いやすい点・誤りやすい点に関する判断ポイントをわかりやすく解説。 2022年7月刊行

## 税理士事務所における
## インボイス・電子帳簿の実務対応

永橋 利志 著／A5判／152頁

定価 2,420 円

令和5年10月にインボイス制度がスタートした際の取引に係る記帳方法や税務調整について注意点をあげて説明するとともに、インボイス導入後の実務上の留意点を取り上げています。また、電子帳簿保存については、3つの柱である電子帳簿保存、スキャナ保存、電子取引のポイントをまとめ、税理士事務所や関与先が知っておきたい対応方法についてわかりやすく解説しています。 2023年1月刊行

税務研究会出版局 https://www.zeiken.co.jp/

※ 定価は10%の消費税込みの表示となっております。